CLUB DE LITERATURA

De

Francisca Argüelles

IDILIO ENTRE PROSA Y VERSO

Editorial Arte en Diseño Global

Publicado por
D'har Services
P.O. Box 290
Yelm, Wa 98597
www.dharservices.com
info@dharservices.com
dharservices@gmail.com

Diseño carátula© Xiomara García
Oleo del pintor Luis René Serrano

Revisión y corrección:
Colaboración especial de Francisca Argüelles y Edilma Angel
Algunos autores enviaron sus propias correcciones.

ISBN–13: 978–1–939948–44–1

Impreso en Estados Unidos

ÍNDICE

PRÓLOGO

Nuestra IV antología se viste de gala con la calidad del trabajo realizado por los autores que hacen posible este libro de variados temas para disfrute del lector.

La primera antología de nuestro "Club de Literatura", Un Horizonte Literario, en el año 2010, contó con diecinueve participantes. Y fue un presagio, el horizonte se amplió con los años de arduo trabajo literario.

En la II y III antología se incrementaron los autores y esta IV antología, Idilio entre prosa y verso, muestra el sentir de treinta autores, donde cada poeta y escritor pone amor, imaginación y sentimientos que mezclan con la realidad, y la fantasía.

Este libro es producto del esfuerzo del grupo, aportando cada uno lo mejor de sí. Vale destacar la colaboración del escritor, músico y pintor Sr. Luis R. Serrano, quien realizó la pintura para la carátula.

Gracias a la Sra. Edilma Ángel directora ejecutiva de D´har Services Editorial Arte en Diseño Global. Escritora y coautora en esta obra, quien colabora conmigo en este cuarto proyecto de superación.

Gracias a todos por hacer posible "nuestros sueños".

Francisca Argüelles
Directora
"Club de Literatura"

Certificado de Excelencia

Primer Premio

Concurso Latinoamericano de cuento corto 2014

Dhar Services

Editorial Arte en Diseño Global

El amor que llevo dentro

Francisca Argüelles

Autor

Daniel González
Director General

Edlinça Angel
Director Ejecutivo

Olympia, Washington – Diciembre 20 del 2014

12

Francisca Argüelles
Cubano–americana

Graduada de Contador–Planificador, en el "Instituto de Administración y Comercio" de La Habana. Realizó estudios de Marketing en el "Centro Juvenil de La Víbora". Cuba.

Participó en tertulias y peñas literarias, donde recibió primer premio por el cuento corto, "Mi viaje a Madrid".

Enero del año 2007, funda en Miami el "Club de Literatura", el cual dirige. Publica las antologías del grupo, "Un Horizonte Literario" 2010, "Navegante de Palabras" 2012, y "EL Espacio Infinito del Cuento" 2014. Publicados por D'har Services Editorial Arte en Diseño Global.

Asistió en el año 2010 al curso, El Arte de Escribir Cuentos y Poesías, impartido por el Lic. Orestes Pérez, en el NPTI.

Tiene publicado dos libros de cuentos; "25 Encuentros con el tiempo" año 2013 y "El amor que llevo dentro" año 2015.

Ganadora del Cuarto Premio de "Poesía Latinoamericana" D´har Services, Editorial Virtual de Literatura 2011.

Premiada en "Dedicación Latina 2011", por "United Health Care".

Homenajeada en el 2012 por "La Asociación Internacional de Poetas y Escritores Hispanos" AIPEH de Miami, y por Encuentros Literarios Internacionales "Luz del Corazón" ELILUC.

Obtuvo un ACCÉSIT en el "V Certamen Memoria de Poesía María Pilar Martínez, Internacional 2012" en Teruel, Aragón, España.

"La Sociedad de Poetas y Escritores" de Miami, le otorgó el Segundo Premio, en el Concurso de Narrativa "Ejercicio Literario 2012".

En septiembre 11, 2014, Alliance for Aging, Inc. Le entrega la placa "Positive Living Awards".

Participa en las antologías de: Encuentros Literarios Internacionales Luz del Corazón, ELILUC, que dirige Mery Larrinúa.

D'har Services, Editorial Arte en Diseño Global, en el Concurso Latinoamericano de cuento corto 2014, le otorga el 20 de diciembre el Primer Premio por su cuento "El amor que llevo dentro" que da nombre a su segundo libro.

Colabora en el año 2015 con la señora Priscila De la Cruz, en su libro: Cerca muy cerca, Homenaje a los niños de Fundación, Magdalena, Colombia. Publicado por D'har Services, Editorial Arte en Diseño Global.

También en el 2015, forma parte del libro "Si te contara…" editado por Publicaciones Entre Líneas, de Pedro Pablo Pérez Santiesteban.

En diciembre del 2015 recibe Diploma por participar como jurado en el Primer Certamen Literario Internacional Fundación SOMOS.

2016, miembro de:

Academia Norteamericana de Literatura Moderna.

"El amor a la patria, no es el amor ridículo a la tierra..."
José Martí.

EL AMOR QUE LLEVO DENTRO

Viajo por estas calles empedradas en compañía de un matrimonio inseparable. Mis amigos disfrutan con mi risa, y comparten mis sentimientos. Él, se alegra o se lamenta con tiernas frases admirando los lugares que provocan recuerdos. Ella calla, apruebe o no el parecer de su compañero.

Así, miro el paisaje, veo niños jugar y pienso en mis nietos. Camino sin apuro por este paraje del mundo donde se encuentran todos; el paisano triste escondiendo su pena, y el contento que disfruta cada hora del día. Entre tantos y variados seres, nosotros tres andamos lento.

Mi amigo, dice:
—Mira esas canicas. Las tuyas eran rojas y las de tus hermanos, verdes y azules. ¿Te acuerdas?

Yo, muy quedo contesto que no he olvidado sus colores, son los mismos de mis sueños.

Avanzamos y vemos el mar, donde cada ola es un gemido de los que allí un día dejaron sus anhelos. Y para los muchos que lograron llegar al incierto encuentro con lo desconocido, es la quimera de sus deseos. Él sabe de esta melancolía, me saca de mi abrojo convidándome a mirar el horizonte y el sol que nos baña. Ella disfruta los rayos del astro rey; nos contagiamos con carcajadas esparcidas por el viento. A lo lejos vemos un barco, recordamos la sorpresa que tuvimos en el crucero cuando regresábamos de Cancún a la Florida. Los empleados y tripulación avisaron a los turistas, en especial a los cubanos, que teníamos a la vista la Sierra de los Órganos de nuestra querida tierra. Toda la baranda del barco que daba para la costa pinareña se colmó de personas ávidas de admirar la silueta montañosa que se perfilaba. Unos tomábamos fotos, otros en silencio con la vista fija en la distancia, y de todos los convidados a la nostalgia, lágrimas se mezclaron con el mar.

También escuchamos a un señor decir:
—Hace cuarenta años que no veía mi patria.

Vimos manos diciéndole adiós al espectacular paisaje, yo entre ellos que no he podido olvidarlo. Cuando las lomas nos devolvían el saludo con la brisa que nos acariciaba, mi amigo me susurra:
— ¿Te acuerdas de la belleza de sus orquídeas?

Esta observación, me hizo cerrar los ojos y sentirme allí.
Ella, él y yo, seguimos juntos una vez más. Y así seguiremos, mientras yo exista. Mis amigos, como los llamo, tienen nombres muy bonitos, ella se llama Cuba y él, Pensamiento.

"El alma del hombre es como el agua. Viene del cielo…"
Goethe

EL ESPEJO

El chofer del ómnibus interprovincial anunció la próxima parada. Ella sintió distinto el latido de su corazón al pensar en él. Su pueblo era el remanso adorable de los días de arduo trabajo y soledad vividos durante diez años con él, siempre con él. Había llegado la hora de verlos.

Aquella esquina del parque que tantos recuerdos le traía, y el bullicio de los transeúntes la mantenía atenta al ir y venir de niños y adultos. Buscaba un rostro conocido, no lo encontraba, tampoco un auto de alquiler que la llevara a su casa, pasaban de largo como si no la vieran.

Alma decidió caminar, disfrutar el entorno, reconocer lugares, la mayoría recién pintados, otros restaurados.

Siguió el viejo camino que le mostraba cosas nuevas, antes lo recorría con él, su amor, ahora deseaba amarlo. A lo lejos, entre brumas vio su casa como jardín encantado y a unos pasos de la verja quedó ensimismada.

Corrió a su encuentro, él estaba esperándola. Tomó su mano, entraron al ancho portal que resplandecía y olía a pintura fresca.

La voz de él sonó hueca al decirle con el mismo amor de siempre:

–Te he extrañado mucho.

–Y yo a ti Leo; me has esperado.

–Sí. Alma mía, sabía que algún día vendrías. Contestó sin mover los labios.

La condujo al salón donde tantas horas pasaron en tertulias con los amigos. Los envolvía un aire cálido, con aroma de jazmín.

Ella buscó el espejo regalo de su padre. Allí estaba, se acercó alegre y disfrutó al verlo en el mismo lugar que fue colocado el día de su cumpleaños.

–¡Qué bello y majestuoso es! Manifestó Alma exaltada.

–Pero... ha perdido el azogue, no me veo y tú tampoco te reflejas en él. Ya no sirve mi espejo, dijo acongojada.

Más despacio que el tiempo, con la calma de lo esperado, él buscó nuevamente su mano aterciopelada y la puso sobre el marco. Ella no sintió el contacto, y miró a Leo inquisitiva. Él contestó con el radiante amor que le brotaba:

–Alma, sigue intacto tu espejo. Yo perdí mi cuerpo hace diez años, por eso te fuiste. Tú ahora formas parte de mi nuevo lar, te acostumbrarás a esta Paz.

El vacío creado por tiempo y espacio era mudo, surgiendo el camino hacia la luz.

Edilma Ángel
Colombiano–americana

Empresaria y Agente Profesional de Viajes y Turismo, con experiencia en Marketing y Ventas, Planeamiento Turístico y Gerencial. Durante su carrera en Colombia, brindó apoyo logístico en misión in situ, al Instituto Interamericano de Derechos Humanos (IIDH). A la Inter American Foundation (IAF); quien en 1994 le otorga un Certificado de Apreciación, un reconocimiento oficial a su servicio ejemplar. Participó en un proyecto de la Organización de las Naciones Unidas para la Agricultura y la Alimentación (FAO). Y apoyó otras Organizaciones no gubernamentales (ONG).

En Miami, estudió Decoración de Interiores en la Universidad de Miami y asistió al curso: "El Arte de Escribir Novelas" ofrecido por el profesor Orestes A. Pérez.

Es Psicoterapeuta y Sanadora Pránica, le gusta apoyar a los que desean mejorar su condición personal y emocional, para ello incursionó en las medicinas no tradicionales: "Pranic Healing", "Advanced "Pranic Healing", "Advanced Pranic Healing", "Pranic Psychotherapy", "Kriyashakti", "Magnified Healing", "Reiki", "Terapy of Spiritual Response" y Sanación del Cuerpo Azul.

Sus libros motivacionales son:
Mujer de la Sombra a la Luz, 2008
Yo elijo Recordar, 2014.
Trastorno de Personalidad Múltiple, 2015
Obtenlos en: www.amazon.com

Es miembro del "Club de Literatura" que dirige la Sra. Francisca Argüelles, ha participado en las antologías del club: Un Horizonte Literario, 2010. Navegante de Palabras, 2012. El Espacio Infinito del Cuento, 2014. En el estado de Washington, en la antología "Mind Ripples", 2013. Colaboró en el año 2015 con la señora Priscila De la Cruz, en su libro: Cerca muy cerca. Homenaje a los niños de Fundación, Magdalena, Colombia. Los anteriores libros fueron Publicados por D'har Services Editorial Arte en Diseño Global.

Es socio fundador y directora ejecutiva de D'har Services, Editorial Arte en Diseño Global. Y del grupo Inter–Cambio Arte y Literatura, en Olympia, Washington.

Su disciplina hace de ella un ser integral y creativo.

20

MUSA DE LA CREATIVIDAD

A lo lejos la silueta de una gran montaña se dibuja bajo la luz naciente de la mañana, en sus laderas la bruma se levanta ligera para ir alegre al encuentro de sus virtudes. La más elevada que también tu alcanzarás, prevalece brillando en el espacio sin fin. Es mi propia luz que desde mi ensueño crea tu hogar.

Con mi sabiduría tus pensamientos tienen forma, color, para ser convertidos en masa y tamaño, mi creatividad emerge de ti. Concibes bosquejos que representan tus más grandes ideales. Mi poder te envuelve, y nos convertimos en uno.

Escoges un corazón y forjas tu isla, yo tapizo tu suelo con violetas y jazmines. Mi cielo envuelve tu mundo e ilumina tus más profundos anhelos; entre dorados tapices y tenues rayos violeta. Resplandeciente rodeo tu aura rosa que se mezcla en mi esencia perfumada.

En la desmayada penumbra de mi ensueño, acaricio tus manos y tus dedillos que hábiles plasman en un trozo de papel una palabra, y la entrelaza a otra, a otra hasta hilvanar una oración, una frase o un poema.

En mi creación sorprendente todo gira a tu alrededor, te otorgo infinitas ideas con toda gama de colores que puedes cambiar segundo a segundo. Te estremeces bajo mis sutiles sonidos de la materia al coagularse, ¡oh música prístina! Que acopla mi creación en un eterno estar, al naciente existir de tu tiempo lineal.

Mis formas responden a tus más elevados diseños, mi irísense color ciñe tu ser. Te enlazas, acoplas y alumbras mis cielos.

Mi luz alimenta tu creación; tu alma se expande en resonancia magnética junto a nacientes lémures que libres ensalzan mi creatividad, esa onda soy yo, el amor, el que está en tus manos y es tu análoga sustancia.

Me alejo un instante y me despliego en mis rayos para impregnar tu sentir.

Desde lo alto, presto atención a mis otras moradas, donde cada cual plasma sus ideales. Algo capta mi atención en un recodo lejano...

Me acerco y no me dejas entrar.

¿Quién? Tú, sí, el otro tú, que cubierto está de una neblina gris y espesa. Me sumerjo entre todos los tú, e indago el por qué de tu cambio.

El resultado, lo comparto contigo:

Encontré en verdad algo nefasto; ahí está encajada una sigilosa energía... la llaman "estrés", esa energía puso vendas en tus ojos y nada percibes, ni puedes palpar en que estás inmerso. La adrenalina día tras día invade tu cuerpo con pequeñas dosis. En algunos, las dosis son tan altas que sus organismos denotan un gran agotamiento. Están atados y no se dan cuenta que viven en agonía.

¡Ah! Que tienes los músculos tensos, te duele el estómago, la cabeza y otras partes del cuerpo, que te sube y baja la tensión, que está afectado tu corazón y tu respiración. Además te enojas, dices que nadie te entiende. Entras en depresión, ansiedad, tristeza, amargura. Sin embargo te resistes a cualquier cambio, y das a tu cuerpo un mayor sufrimiento.

El estrés te destruye, nubla tu mente y le quita color a tu vida, roba tu hermosa salud que te di.

En el estrés encontré características muy marcadas:

Tiempo:

- No tienes tiempo.
¿En qué tiempo vives?

- El tiempo no te alcanza.
¿O sea que sí lo tienes?

- No puedes empezar nuevos proyectos, por falta de tiempo. Te lamentas, si tuvieras veinte años menos.
¡Empieza ahora, ese es el reto!

Situación (Control):

- Quieres controlarte y controlar.

23

¿O sea que no haces nada, ni dejas hacer?

• Nada te gusta, tienes un matrimonio infeliz (si lo tienes) creas una familia disfuncional e hijos con traumas, y son escasos los momentos de alegría.

¿Así utilizas tu gran creatividad?

• Creas rivalidades étnicas y religiosas; sistemas de creencias erradas que solo generan suicidios y más violencia.

¿Qué te pasa? Tú tienes la llave para cambiarlo, usa tu imaginación, y deja que hable tu corazón.

Anticipación (Futuro):

• Tienes una carrera y un empleo que detestas.

¿Por qué me has olvidado?

• Tienes miedo al qué dirán, a la vejez, a estar solo, al futuro, etc.

¡Dame cabida y tu vida cambiará!

Carencia:

• Vives en pobreza, baja autoestima, envidia, egoísmo, servilismo, y otras actitudes que minan tu ser, por eso llegan los ataques al corazón, las crisis nerviosas, apoplejías y otras enfermedades.

¿Quieres dejarme entrar?

Traumas de la niñez:

• En la niñez tuviste un trauma que interiorizaste y lo mantienes dolorosamente presente.

Te pregunto: *¿Qué edad tienes?*____

Según tu respuesta. Llevas____ años manteniendo presente ese dolor.

*¿Cuántos años "más" vas a dedicar a recrear ese mismo hecho?*____

¿Todavía no es suficiente? ¿Dónde dejaste tu capacidad de perdonar y perdonarte?

Permíteme hacerte una recomendación:

Deja en paz a la circunstancia o al que te hizo daño, «según tu perspectiva de bueno o malo» Hónralos y hónrate para que regrese en ti la paz.

¿Qué no puedes perdonar?

Entonces, no te estás dando el valor que te mereces y por ende, no te das permiso para recibir las cosas buenas que tienes reservadas para ti y el caudal de la creatividad está retenido dentro de ti.

Amigo en este mundo has decidido vivir muchas experiencias, las escogiste para aprender algo específico. Solo lo has olvidado.

Perdonando las circunstancias, eventos, personas, y el tiempo, podrás avanzar.

Pon tu amor como escudo protector, y a mí, tu musa de la creatividad para que te abra todos los caminos.

Otra pregunta: ¿Si tuvieras todo el tiempo del mundo para ti solito, te dedicarías a lo que estás haciendo? O ¿te dedicarías a escribir, a crear y hacer lo que realmente anhelas?

Si tu respuesta es, sí, te doy una clave: en el instante en que te dejas poseer por otra energía, como el estrés, enojo o nerviosismo, etc., me sepultas y no puedo brillar dentro de ti. Repito, no podemos existir las dos energías al mismo tiempo.

¡Tú tienes la elección!

Estoy más cerca que tu respiración. Usa tu libre albedrío y ten la voluntad de escoger. Decreta tus más altos ideales, tus ensueños.

¡Se libre!

Los recursos físicos y mentales que te di son tus tesoros, recuerda estoy aquí.

Vuela conmigo a la inmortalidad de las letras.

¡Lo lograrás! ¡Es tu tiempo!

Te amo.

Yo, tu musa creativa, el amor en mí y en ti.

Hugo Blanco
Cubano–americano

Reside en la ciudad de Miami. Es ingeniero electricista y escritor. Ha publicado tres novelas: "VIVENCIAS", "LO QUE NO DIJISTE A TU PADRE" y "PUENTE ENTRE DOS TIEMPOS". Su novela "LO QUE NO DIJISTE A TU PADRE", mereció una entrevista para "EL NUEVO HERALD".

Ha participado en las antologías del "Club de Literatura" de Francisca Argüelles. Llamadas "Un Horizonte Literario" en el 2010, "Navegante de Palabras" del 2012 y "El Espacio Infinito del Cuento" 2014. Publicado por D'har Services Editorial Arte en Diseño Global.

Colaboró en el año 2015 con la señora Priscila De la Cruz, en su libro: Cerca muy cerca. Homenaje a los niños de Fundación, Magdalena, Colombia. Publicado por D'har Services, Editorial Arte en Diseño Global

También en el 2015, forma parte del libro "Si te contara…" editado por Publicaciones Entre Líneas, de Pedro Pablo Pérez Santiesteban.

PAULINO Y JENNY

—Su esposo se ha salvado milagrosamente, señora—, dijo el hombre de bata blanca.

—¿Qué le pasó doctor?—preguntó Jenny.

—Tuvo un aneurisma de la aorta abdominal.

—¿Puede explicarme eso?

—Sí; la aorta abdominal es una arteria que lleva la sangre a esa región. Para que le sea más fácil de entender, le diré que a la arteria se le abrió un hueco, igual que le pasa al neumático de un automóvil, y comenzó a desangrarse.

—Entonces, ¿pudo haber muerto?

—Era lo más probable. Si se salvó fue porque actuaron muy rápido. Además, él es un hombre muy fuerte para su edad.

—¿Cuál será su futuro?

—En la operación se le puso un parche, pero se vio que toda la zona está en muy mal estado.

—Entonces, ¿no hay manera de evitar que se repita?

—No, lo más que podemos hacer es tratar de evitar tanto cuanto sea posible que le suba la presión arterial. De modo que deberá tomar medicamentos para controlar dicha presión, a la vez que evita ejercicios fuertes e intensas emociones.

—Eso último va a ser difícil.

—No la entiendo.

—El problema es que él es un hombre de mucho carácter y además, muy activo; pedirle que no monte en cólera ante algo que le moleste sería hacerlo ir contra su naturaleza. Creo que tratar de hacer dejación de sí mismo, le va a hacer más daño que la propia enfermedad.

—Señora, cuando sepa que le va en juego la vida, no tendrá más remedio que reajustarse a la nueva realidad.

—Qué bien se ve que no lo conoce; ese viejo es "genio y figura hasta la sepultura", como dicen en mi pueblo.

Una semana después, llegó el día en que le iban a dar el alta al paciente. El médico, en presencia de Jenny, le explicó el régimen de vida que debería llevar a partir de entonces, pero no entró mucho en detalles sobre las expectativas de vida.

—Doctor, écheme el cuento tal cual es.

—¿Qué quiere decir?

—Yo tengo setenta años de edad y estoy cansado de ver, siempre, la misma historia; ver como los familiares tratan de engañar al paciente en cuanto a su condición. Los enfermos, en general, aceptan lo que les dicen, más por miedo que por otra cosa. Yo no soy así; soy un hombre y, como tal, me comportaré hasta el último de mis actos. Así que usted dirá—. El médico, no pudo menos que echarle una mirada a Jenny, como queriendo decir: "el hombre se las trae". A continuación, el galeno le describió el episodio que había tenido. El paciente escuchaba atentamente, y después de una pausa preguntó:

–Eso quiere decir que pude haber muerto.

–Sí.

–En caso de repetirse ¿puedo morir?

–Sí.

–No hay nada que deteste más, que depender de terceros. Así que una muerte repentina me viene de "rechupete"–. El hombre dijo aquello, "como quien chupa tocino".

–Me alegra que lo tome así. Trate de disfrutar lo mucho o lo poco que le queda por vivir.

–Lo intentaré, pero sin dejar de ser yo.

De regreso a casa, fueron recibidos por Poly y Cachita, que eran los dos perros que los acompañaban. Para que se entienda esta historia, es imprescindible enmarcar la personalidad de la contraparte de Paulino: Jenny era, también, una mujer de carácter sumamente fuerte. ¿Cómo explicarse entonces que dos seres tan iguales se hubieran unido? Dicen los que saben de estos menesteres, que generalmente uno busca en la pareja el complemento; de modo que el carácter fuerte busca un carácter débil y viceversa.

Pero como siempre hay excepciones, a veces nos encontramos dos caracteres débiles unidos, que dan como resultado una pareja sumamente aburrida, o nos encontramos dos caracteres fuertes que dan como consecuencia una reacción química altamente explosiva. Para poder explicarse el desatino que constituía esa pareja, se hace necesario poner la trama en contexto.

Paulino como ya se dijo, tenía setenta años de edad, y Jenny sesenta, pero solo llevaban diez años de casados; de modo que cuando unieron sus almas, ya la vida y los años se habían encargado de mellar algo aquellas naturalezas brutas. A él, por haber sufrido prisión, por carácter político, y a ella, por haber padecido múltiples enfermedades. Verlos interactuar era como ver una película del oeste que fue muy famosa en los años cincuenta: "Duelo de Titanes". Además, cada uno tenía dos fracasos matrimoniales en el momento de conocerse.

Para completar el cuadro, es necesario hablar de Poly y Cachita: aunque no se pretenderá hacer una descripción del perfil psicológico de los animales, es obligatorio hablar de ellos, porque constituyen el símbolo más fehaciente de aquellos dos caracteres: Poly es el perro de Paulino y lleva con el once años; de modo que cuando Jenny apareció en escena ya Poly existía y por tanto tenía derecho de antigüedad. Cachita era la perra de Jenny y llevaba con ellos solo tres años. Aunque se prometió que no se iba a hablar de la psicología de los caninos, hay que destacar un hecho que es muy frecuente. Sucede que, por avatares de la psiquis, se establece un intercambio emocional entre los humanos y sus mascotas, que hace que los mismos, con el tiempo, se asemejen. Así pasó en el caso que nos ocupa. Poly cumplió esa suerte de axioma que no existe pero vale la pena inventarlo: "de tal amo, tal mascota". Después de esta frase lapidaria, cabe destacar que al poco tiempo de estar con su amo, Poly se convirtió en el verdugo del barrio; a tal extremo que su agresividad se había hecho tan notoria, que los vecinos se intercambiaban la información acerca de las horas que Paulino sacaba al perro a hacer la ronda, para no coincidir con ellos. Todos querían evitar un encontronazo con quienes eran conocidos como "el dúo dinámico".

Cuando Jenny apareció en escena, Paulino y Poly vivían en la más perfecta armonía porque eran "tal para cual". Llegados a este punto se hace necesaria hacer otra acotación: los seres humanos piensan que a los niños se les pasan por alto las cosas que suceden y como consecuencia de ello, hablan y hacen en su presencia, cosas que no debían hacer. Los pequeños son capaces de percibir lo que pasa a su alrededor, de manera instintiva. Lo mismo sucede con los animales. Los unos y los otros saben quién es quién.

Hecha esta salvedad que deben dar por buena, será fácil entender que a Poly no le hizo ninguna gracia la llegada de Jenny y de inmediato se encargó de hacérselo saber, agrediéndola y mirándola con "cara de perro", (bueno y ¿con cuál otra la iba mirar?). Ella venía a invadir su espacio y su equilibrio espiritual con Paulino y eso era inadmisible para el fiel compañero. Jenny, por su parte, se propuso esfumar de la escena al dichoso "perro sato" como lo llamaba despectivamente. Cada uno por su lado: ella y el canino, se declararon la guerra, pero siempre trataron de hacer las cosas de modo tal que Paulino no se diera cuenta de nada. Querían asumir el papel de víctima.

Los contrincantes se fueron sofisticando con el decursar del tiempo. Jenny amarraba al perro y le daba escobazos, mientras su marido se bañaba, y el otro a su vez, con ese olfato canino que solo los perros tienen, había descubierto cual iba a ser la mejor venganza: cuando él veía que Paulino y Jenny se iban muy románticos y embelesados a la habitación, comenzaba a ladrar y en más de una ocasión logró malograr el encontronazo.

Paulino, en general, tomaba partido a favor de Poly y eso sacaba a Jenny de sus casillas. Pasaron así siete años en que Jenny agotó quejas y razones que justificaran el despido, sin obtener resultado alguno. De pronto un día, sin más ni más, se apareció en la casa con una perrita a la que llamó Cachita. Desde el momento que Poly oyó el llavín de la puerta, comenzó a ladrar rabiosamente, cualquiera diría que era una premonición; cuando ella se asomó con la perra en brazos, Paulino preguntó irritado:

—¿Qué cosa es eso?

—¿Qué va a ser?, una perra—dijo Jenny con cierto regocijo.

—De ahí en adelante los dos seres comenzaron a gritar y los dos perros comenzaron a ladrar, a tal punto que en determinados momentos no se sabía quien hablaba y quien ladraba. Paulino perdió los estribos y gritó:

—¡Basta!—Se hizo silencio y a partir de entonces, tal cual si se confabularan, todos comenzaron a respetar el derecho de palabra o ladrido, según fuera el caso.

—¿Cómo se te ocurre traer un perro a estas alturas de la vida? — los otros tres intercambiaron miradas, y al final Jenny contestó:

—Perro no, perra y además tiene su nombre. Se llama Cachita. Y de la misma manera que tú tienes a "ese"— dijo con desprecio—, yo tengo derecho a tener a mi perrita.

—No es lo mismo. Cuando tú viniste, ya Poly existía.

No te das cuenta que nosotros estamos muy viejos para meternos en estos trajines con perros pequeños. A Poly lo tengo porque lleva muchos años conmigo, y además ya está viejo y no molesta.

—Eso crees tú; se ve bien que soy yo quien limpia "sus gracias".

—Con esa perra se va a complicar nuestra vida; entre sus travesuras y sus partos nos van a volver locos.

—No te preocupes que Cachita no te va a dar dolores de cabeza, porque de ella me encargo yo.

La discusión se prolongó y al final Paulino accedió a dejar a Cachita, en probatoria, por un tiempo. Por lo antes explicado, Cachita se transmutó con Jenny y adquirió sus peculiaridades.

Para ser justo se debe reconocer que la perra no hizo nada por ganarse la plaza; en ocasiones mordisqueó medias y zapatos, que quizás por azar eran siempre de Paulino. Después dicen que los perros no saben. Ya al final del plazo fijado, Paulino llamó a su mujer y le dijo que la realidad había demostrado que él tenía la razón y procedía deshacerse de la perra.

—En parte tienes razón—reconoció Jenny—, pero todo es cuestión de tiempo y yo la estoy educando; además, ahora hay otro problema.

—¿Cuál?

—Que yo le he cogido cariño a la perrita.

—Oh, por favor; eso se olvida enseguida.

—Acepto con una condición.

—¿Cuál?

–Que botemos a los dos.

–Ya te dije que no es lo mismo.

–Para mí sí lo es.

–Ni modo.

–Entonces tú quieres que yo haga lo que no eres capaz de hacer; ¡que egoísta e injusto eres Paulino! Ese animalito es el único que tiene un gesto de cariño conmigo, y tú me lo quieres arrebatar– exclamó ella teatralmente.

Después de pensarlo, Paulino accedió, pero con la condición de si seguían las fechorías de la perra, él la iba a botar de la casa. Dicho esto, los perros, que como es de suponer participaron de la discusión, reaccionaron de manera diferente: para Poly fue frustrante la actuación de su amo, mientras que, para Cachita, era un respiro. Al rato, Jenny sacó a la perra a hacer la ronda y notó que esta no las tenía todas consigo:

–Y a ti ¿qué te pasa?

–Grrrr– gruñó la perra.

–No seas mala, mira que por ti lo arriesgué todo.

–Grrrr– de nuevo.

–Ah, ya sé lo que te pasa; estas brava porque le dije a Paulino que yo aceptaba si los botaba a los dos–, dijo ella a la vez que se ponía a la expectativa de la reacción de la perra, que esa vez no gruñó–. Eso lo dije porque sabía que él no iba a aceptar, tonta; por nada del mundo yo te botaría–. Las palabras fueron acompañadas por una caricia a la perra, que esta reciprocó lamiéndole la mano a su dueña. Al final, todo quedó aclarado.

Paulino pensaba que si había aceptado, era porque él

tenía sus majaderías y debía hacer algunas concesiones.

No obstante, le molestaba verse involucrado en una tonta discusión acerca de perros. Se sentía degradado. Pensaba además, que cuando somos niños, lo que más queremos es tener un perro; después los ignoramos en la adultez y al final de la vida los volvemos a añorar. Como cerrando un ciclo, volvíamos a la etapa inicial.

Transcurrió así otro año, mientras Cachita seguía en un "limbo migratorio"; pero ni aún así daba muestras de ceder, sino que por el contrario se envalentonó después de aquella última reyerta en la cual Paulino no la pudo botar. Un día, extralimitándose en su osadía, se atrevió a desbaratar un bello par de zapatos nuevos de Paulino. Vale aclarar que le dio donde le dolía, porque Paulino tenía una fijación, casi patológica, con los zapatos. El caso es que el anciano, frenético, persiguió a la perra por todo el patio y logró darle algunos cintazos, mientras Poly observaba la escena con no disimulado morbo. Ante los gritos del hombre, y los ladridos de la perra, apareció Jenny y después de interponerse entre los dos se enteró de lo sucedido.

—No le pegues Paulino que yo la voy a castigar.
—No, no hay castigo que valga; esa perra se va de aquí hoy mismo.
—Pues si se va ella, me voy yo.
—¿Cómo dices?
—Como lo oyes— a renglón seguido, Jenny fue al dormitorio buscó las maletas y empezó a echar sus pertenencias.

Paulino pasó por la habitación y vio a su mujer agachada en cuatro patas, buscando sus zapatos debajo de la cama, mientras la perra le lamía los pies. Para colmo de desgracias, Jenny, tratando obstinadamente de alcanzar los zapatos se fue de bruces al piso, golpeándose la cara. El hombre, sin pensarlo dos veces se lanzó a socorrerla e hizo que ella apoyara la cabeza en su pecho.

—¿Qué te ha pasado mujer? Mira el golpe que te has dado en la cara.

—No es nada— dijo ella llorando.

—Voy a levantarte, para que te pongas hielo ahí, porque lo tienes algo inflamado—. Él la ayudó y le puso una compresa de hielo. Pasado un rato dijo:

—Jenny, creo que tanto tú como yo somos lo suficientemente viejos como para hablar y actuar con sensatez, ¿no te parece?

—Sí.

—Vamos a ver si nos ponemos de acuerdo en este asunto; ¿no te parece muy infantil de tu parte que rompas tu matrimonio y deshagas tu vida, a esta edad, por un perro?

—No es solo por la perra, lo hago porque con tu actitud, demuestras no considerarme para nada.

—Entonces, para considerarte tengo que aceptar que la perra se coma mis zapatos y todo lo que se le ocurra.

—No es eso; entiendo tu punto, pero debes entender también que yo quiero al animalito y no resistiría pensar que está abandonada a su suerte en la calle, esperando que la mate el primer auto que pase. Además, ella es para mí como la hija que nunca tuve; ¿es eso muy difícil de entender?

—¿Qué quieres entonces, que me vaya?

–No, de ninguna manera; lo que quiero es que busquemos una solución que satisfaga a todos; una solución salomónica. Dicho esto, Jenny pensó: "Ojala que no lo tome al pie de la letra y me vaya a proponer que dividamos la perra a la mitad".

–Búscala, porque lo que es yo, no la encuentro– dijo él frustrado.

–A mí se me ocurre que podemos mantener a Cachita fuera de la casa, en el patio, hasta que deje los malos hábitos.

–¿Me garantizas tú que vas a impedir de esa manera que se repita el hecho? Sabes muy bien que no me gusta discutir la misma cosa más de una vez; las cosas se resuelven de una vez y por todas, y en esta ocasión he sido demasiado condescendiente; a tal extremo que a veces ni yo mismo me conozco.

–Yo te lo garantizo.

En ese punto estaba la situación en la casa, cuando se produjo la operación de Paulino. Ya de regreso, hubo una especie de tregua por parte de los cuatro involucrados, de tal suerte que Paulino y Poly controlaban el interior de la casa, mientras que Jenny y Cachita solo podían compartir en el patio. Y aquí, entra en juego un quinto participante; ni más ni menos que el azar: en pleno "armisticio", el destino le juega una mala pasada a todos, y hace que un huracán entre por la ciudad. Como consecuencia de ello, a Paulino no lo queda más remedio que aceptar que Cachita pase el huracán en el interior de la casa. Para colmo de males, como consecuencia de los fuertes vientos y lluvia, se va la corriente eléctrica y eso, acompañado de fuertes truenos, hace que la escena en el interior de la casa sea escalofriante. Un trueno más, hace que Cachita instintivamente salte a la cama; con tan mala suerte que cae en la cara de Paulino que, a su vez, se encontraba medio dormido; este, defensivamente, en medio de la oscuridad, golpea a aquella cosa y esta le muerde el brazo. Paulino, logra agarrarla y la tira contra la pared a la vez que, a ciegas, se lanza a tientas en pos de la perra. Con tan mala suerte que tropieza con su adorado Poly, cayendo a todo lo largo, a la vez que se oye un grito desgarrador.

—Ayyyyyyy.

Después de los funerales de Paulino, Jenny se pasó unos días en casa de una prima y luego regresó a su casa. En su ausencia, le pagó a alguien para que se hiciera cargo de los perros. Estos se habían mantenido dentro de la casa, pero amarrados. Cuando sonó el llavín entrando en la cerradura de la puerta, los dos perros se miraron tal como se habrían mirado dos seres humanos, pensando ¿quién será?; ¿será mi amo?; ¿será mi dueña?; ¿serán los dos? El caso es que ninguno cantó victoria antes de tiempo, porque sabían que era mucho lo que se ponía en juego. Al fin se hizo la luz; bueno la luz para una y la tiniebla para el otro, y apareció Jenny. Dos reacciones diferentes ante un mismo estímulo. Cachita no dejaba de saltar como muestra de regocijo y no hacía más que alternar la mirada entre Jenny y Poly, mientras que este con la fatiga que dan los años veía como se le esfumaba entre las manos lo que pensó iba a ser un bien ganado retiro. Jenny, como primera medida, decidió sacar a Poly para el patio, para evitar las peleas entre los dos. Dos días después salió y descargó en el perro toda la frustración del pasado; el dialogo fue más o menos así:

—Maldito perro, tú mataste a Paulino; si te hubiera botado cuando se lo dije, esto no habría pasado. Eres una maldición, y las vas a pagar todas.

—Grrrrrr— gruñó Poly como entendiendo de qué lo acusaban.

A continuación Jenny intentó golpearlo con una escoba, pero este la esquivó y logró morderla en la mano.

—Esas son las enseñanzas que Paulino te dio; eres como él.

—Grrrrrrrrrrr— esta vez el alarido fue más largo; cualquiera diría que el perro pensaba que "a él lo podía ofender, pero a su amo no".

Posteriormente, y después de tenerlo a la intemperie sin agua y alimento por unos días, lo entregó a una perrera. Después de eso, ama y mascota se sentían en la gloria. Pasado un tiempo, Cachita, que de tonta no tenía un pelo, se empezó a percatar de que Jenny no era tan cariñosa como antes y ni siquiera se ocupaba de su comida. Aquello desconcertó a la perra que cada vez entendía menos a los seres humanos; la lógica canina indicaba que ahora las dos debían disfrutar de lo que tanto trabajo les había costado, pero no era así.

Con el tiempo, las relaciones se fueron haciendo cada vez más frívolas, hasta el punto que casi ni se miraban. Jenny, sólo le prestaba atención cuando la perra no cesaba de ladrar, ya fuera por hambre o sed; entonces, y sólo entonces, venía a regañadientes a atenderla. Como con el decursar del tiempo se habían hecho tan iguales, aquellos dos caracteres fuertes trataban de medir fuerzas constantemente, a tal extremo que Jenny le dijo un día:

—Tanto que he luchado por ti, y cada día que pasa no haces más que recordarme a Paulino. Ingrata, malagradecida.

—Grrrrrrr— por primera vez en su relación, Cachita se le enfrentó.

Si se permite una licencia literaria, se podría especular que la perra, en su desconcierto, trataba por todos los medios de buscarle explicación a aquello. Esa mujer que tanto arriesgó por ella, ahora que la podía disfrutar en cuerpo y alma se negaba a hacerlo; una de dos: o estaba loca o Cachita había sido manipulada por Jenny para canalizar sus problemas con Paulino. Como de loca no tenía nada, a la perra no le quedo más remedio que sentirse utilizada, de manera diabólica, por la que consideraba su amada dueña. La situación empeoró con los meses, hasta que un día, Jenny llevó a Cachita a la misma perrera donde había llevado a Poly. Antes de dejarla, le dijo el consabido sermón de que era una ingrata y otras cosas más.

Cuál no sería la sorpresa de Poly cuando vio a Cachita allí. Al principio se miraron con recelo, y no era para menos si se toma en cuenta la guerra en que se vieron involucrados. Se observaron por un rato, en silencio, sin intercambiar ladridos. Poly se veía muy avejentado e inspiraba lástima, mientras que Cachita había perdido su esplendor, esplendor que Poly nunca le reconoció por celos. Aquella no era la Cachita bañada, perfumada, con sus cintas en la cabeza y su elegante arreo. Un sentimiento mutuo de conmiseración se apoderó de los dos y como en un susurro intercambiaron las experiencias vividas: ambos perros llegaron a la conclusión de que habían sido utilizados por cada uno de sus amos, para descargar en ellos toda su frustración.

En un lenguaje muy gutural, debido al uso excesivo de la g y la r, intercambiaron las confidencias que ellos les habían hecho, partiendo del concepto supremacista de que los animales son bestias y por lo tanto no iban a contar lo que se les había confiado.

Pasaron dos semanas, en las que Jenny pintó la casa y compró muebles nuevos, a la vez que cambiaba toda la decoración. Cuando por fin terminó con el objetivo inmediato de la casa, ella, que siempre estaba en pos de algo, miró todo a su alrededor, se paró frente al espejo se miró fijamente y dijo:

—¡Dios mío!, ¿por qué me has dejado tan sola?

Mientras esto sucedía, en otro lugar, en la perrera, Poly y Cachita, después de superados los malos entendidos en que se vieron envueltos, se convirtieron en amigos entrañables; compartían los pocos huesos que lograban alcanzar y se la pasaban intercambiando melosos gruñidos.

Llegando a su fin, aquí cabe preguntarse: ¿quiénes son los animales y quiénes son los seres racionales?

María Cecilia Blanco
Cubano–americana

Nació en La Habana, Cuba. Estudió Licenciatura en Geografía en la Universidad de la Habana. Actualmente, vive en Miami, Florida.

Escribe versos con rima, prosa poética y pequeños cuentos. Le gusta hacer acrósticos, aunque son difíciles, los considera un reto.

Ganó Mención de Honor en el VII Concurso Internacional de poesía del Club Cultural de Miami "Atenea". La obra premiada fue un acróstico: DIGÁMONOS ADIÓS.

Pertenece al "Club de Literatura" de Francisca Argüelles, participó en las antologías: Navegantes de Palabras en el 2012, y El Espacio Infinito del Cuento del 2014. Publicados por D'har Services Editorial Arte en Diseño Global.

Colaboró en el año 2015 con la señora Priscila De la Cruz, en su libro: Cerca muy cerca, un homenaje a los niños de Fundación, Magdalena, Colombia. Publicado por D'har Services Editorial Arte en Diseño Global.

POCO A POCO

Esta vez fueron solo 8 meses, sin embargo, el deterioro es ostensible. El andar más lento, la espalda más encorvada. Las manos, tan parecidas a las mías, están deformes. A veces pierde el hilo de la conversación, por la falta de audición, ya que su cerebro se mantiene vivaz.

Sigue activa, a sus 92 años, pasando un plumero por los muebles, cocinando el arroz…

Me alegro mucho de haberla visto de nuevo. No estoy segura si habrá otra vez, pero por lo pronto tengo su imagen conmigo.

Siento que estoy perdiendo a mi madre, poco a poco…

María Cecilia Blanco
29 de noviembre de 2015

PURA Y CASTA

Caminaba con paso rápido. Iba enfundada en un vestido negro a mitad de pierna, los ojos y labios ligeramente pintados y su pelo, completamente blanco, peinado con cuidado. Llegó a la barra y se sentó con agilidad en la banqueta alta.

El joven que atendía el bar se acercó y ella pidió un Martini seco, con ginebra de la casa y aceitunas extra a un lado. Oyó una voz de tono grave que decía; — por favor haga dos.

Miró hacia el lado y vio a un hombre de unos cincuenta años, de ojos verdes grandes rodeados de hermosas pestañas y pobladas cejas, nariz prominente, boca pequeña y carnosa. Frente a él tenía una copa vacía de Martini.

Ambos sonrieron. Ella metió la mano en su pequeña cartera sacando una caja de cigarrillos finos mentolados y revolvió infructuosamente buscando un encendedor.

Apenas un momento después su compañero de asiento le acercaba una llama.

—¡No sé cómo me las arreglo, pero jamás logro encontrar con qué prender mis cigarrillos!

Él también encendió uno y acercó el cenicero para que ambos pudieran usarlo. Llegaron los tragos y brindaron. Él preguntó:

—¿Siempre ha tomado Martini?

—Cuando era muy joven fui a un bar con un enamorado. No sabía qué pedir, porque nunca había ido a uno, entonces vi pasar a un camarero con una copa que tenía aceitunas dentro y me decidí al instante. ¡Ese es el trago que yo quiero¡ Me avisaron que era muy fuerte, pero no cambié de idea y desde entonces es mi favorito.

—También era el favorito de mi padre, hoy precisamente estoy brindando por él. Vivo muy al Norte, pero siempre que vengo por asunto de negocios a esta ciudad, me tomo un Martini en su nombre.

—Debe haber sido una persona muy especial.

—No tiene usted idea, me consagró su vida. Mi madre era una mujer muy difícil y estaba enferma de los nervios. Él estudió Sicología, yo creo que con el afán de poderla entender, pero era imposible. No se divorció hasta que cumplí dieciocho años, para poder darme una educación adecuada. Murió hace cinco. Nunca se volvió a casar.

—¡Qué pena!, pero seguro se sintió feliz de haber hecho de usted un hombre de bien.

—Sí, yo me casé y tengo dos niñas que ya son jovencitas y tenían delirio con su abuelo.

—Y él, ¿por qué nunca se volvió a casar?

—Ah, esa es otra historia. Creo que vamos a necesitar otro trago y otro cigarrillo.

Así lo hicieron y continuó con su narración:

—Según me contó muchos años después, cuando yo tenía siete años, se enamoró locamente de una muchacha a la que le llevaba casi veinte años. Ella también lo amaba mucho, pero él no podía divorciarse y dejarme a mí en manos de la loca de mi madre.

—¿Qué hizo entonces?

—La amó mucho y la dejó ir, para que encontrara alguien que pudiera darle una vida digna de ella, no un amante con amarras de las que no podía soltarse. Era una muchacha pura y casta, que habría hecho cualquier locura, pero él no quiso.

Se hizo un largo silencio que ella interrumpió diciendo:

—Lo sé Kiki, él era un ser muy especial.

Él iba a preguntarle cómo sabía su nombre, pero ella levantó una mano y dijo:

—Eres el vivo retrato de tu padre, hasta la voz es tal como la recuerdo, a pesar de que han pasado más de cuarenta años. Fue con él que aprendí a tomar Martini, fue él quien me enseñó a amar y a renunciar en aras de hacer lo correcto. Gracias a él me casé con ese hombre extraordinario que me está haciendo señas desde la puerta. ¿Lo ves?, aquel con traje negro y pelo blanco como el mío. Ha sido un placer encontrarte y saber que él siempre se acordó de mí.

Dejó un billete debajo de su copa, que cubría el gasto de los dos. No le dio tiempo a reaccionar. Con su paso apurado habitual llegó hasta la puerta a encontrarse con su esposo.

María Cecilia Blanco
14 de septiembre de 2014

José Caballero Blanco
Cubano–americano

Reside en los Estados Unidos. Obtuvo dos menciones en los concursos Lincoln–Martí de poesía «2009 y 2010».

Mención de Honor, Primer Concurso Latinoamericano Virtual de Poesía de la Editorial D'har Services «2011».

Tiene publicado tres libros:
APRENDIZ DE POETA.

UMAP. Una Muerte a Plazos. «Sus memorias de los campos de trabajos forzados, en su natal Cuba» Publicado por D'har Services Editorial Arte en Diseño Global.

PRECIOSA donde el autor plasma su amor por los animales y narra la vida de Preciosa. Publicado por D'har Services Editorial Arte en Diseño Global

Los cuales se encuentra en www.amazon.com

Asiste al "Club de Literatura" de Francisca Argüelles, ha participado en las antologías: Un Horizonte Literario año 2010. Navegante De Palabras año 2012. El Espacio Infinito Del Cuento año 2014. Publicados por D'har Services Editorial Arte en Diseño Global.

Y colaboró en el año 2015 con la señora Priscila De la Cruz, en su libro: Cerca muy cerca, un homenaje a los niños de Fundación, Magdalena, Colombia. Editado por D'har Services, Editorial Arte en Diseño Global.

También en el 2015, forma parte del libro "Si te contara..." editado por Publicaciones Entre Líneas, de Pedro Pablo Pérez Santiesteban.

Participó en la revista Mujer, con cuentos cortos, artículos y poemas.

Tiene en producción su cuarto libro: Tratando de vivir del cuento: cuentos y relatos, con D'har Services Editorial Arte en Diseño Global.

Desde joven los poemas han sido su refugio en situaciones difíciles de su vida.

Él manifiesta "Escribir es mi terapia", haciendo versos es como aprovecha la extensión de su licencia para vivir otorgada por Dios.

LA DIVA

Hace años la famosa soprano Irina Stlevalova contratada para interpretar la ópera Tosca del compositor italiano Giacomo Puccini, en una compañía operática de renombre, llegó con su potente voz y sus dotes dramáticas, pero olvidó cargar en su equipaje algo tan importante como son la simpatía y la modestia.

Las artes representan un mundo competitivo y en extremo exigente para toda persona que quiera incursionar en algunas de sus ramas. El artista asume un reto, no con otros que se dedican a la misma manifestación artística, sino consigo; tratando de ser original y superando todo trabajo logrado. Nadie más exigente con su ego que un talentoso profesional del arte.

Alguien dijo: "La envidia es el homenaje que le rinde la mediocridad al talento, el cual es regalo de Dios. Los genios no pierden su tiempo copiando, simplemente crean".

En música, específicamente el canto, las voces pueden parecerse, pero al igual que las huellas digitales, cada voz es un instrumento único, aunque existe el "timbre familiar" que nos hace confundir los sonidos fonéticos de los distintos miembros del mismo grupo familiar.

El título DIVA, era en la antigüedad asignado a aquellas damas poseedoras de voces y talentos actorales que se destacaban sobre las otras artistas del arte lírico, siendo privilegio de pocas ser designadas con ese honor. Hoy día hemos caído en el abuso asignándole ese nombre a cualquiera que da cuatro gritos, enseña un poco de su desnudes y brinca cual simio en un escenario.

Nuestra soprano en cuestión creyéndose "Prima Donna" se atribuía la potestad de humillar a los compañeros que conformaban el elenco de la obra y al personal de soporte, en fin, que resultó un martirio para todos los involucrados en esa producción, su presencia en el conjunto.

En un espectáculo tan completo como es la Opera hay muchas personas que no reciben aplausos en el escenario, siendo una parte esencial para poder presentar al público algo único, que al bajar el telón después del último acto, haga poner en pie a todos los espectadores en un arrebato emotivo para ofrecer una cerrada ovación.

No tengo que decir que Irina, se granjeó la antipatía de sirios y troyanos, desde los cantantes, el director de la orquesta y hasta el mismísimo portero del teatro, cansados de tanta impertinencia pedían su cabeza puesta en un plato.

La ópera Tosca demanda no solo una impecable interpretación vocal de sus ejecutantes; también la soprano dramática (spinto) tiene que mostrar una voz poderosa (redonda), llena de esa carga emocional que hace vivir a todos los asistentes la pasión reflejada en su actuación. Puccini era un maestro que a sus personajes femeninos los llevaba al extremo del dramatismo, La Boheme, Madame Butterfly, Manon Lescaut, Turandot por mencionar algunas de sus obras más conocidas, son muestras de lo que exigía a sus intérpretes y el personaje Tosca no era la excepción.

La noche del estreno todo transcurría como el director de escena lo había preparado. La soprano tenía a la audiencia pendiente de cada uno de sus registros vocales y sus movimientos al desplazarse en el escenario. Era una diva que sabía hacer su trabajo, por eso había sido contratada para diez presentaciones.

El tercer acto, el clímax de la obra, cuando Tosca comprueba la muerte de su amado Cavaradossi y los soldados vienen a detenerla por la muerte del malvado Scarpia, ella decide lanzarse por sobre las murallas de la fortaleza para suicidarse.

Siempre hay colchones de aire ocultos tras bambalinas, esperando recibir el cuerpo de la sacrificada dama, pero en esta ocasión los colchones brillaron por su ausencia. No se sabe si por descuido o intencionalmente, dando por resultado que el cuerpo de la Diva golpeó contra el duro suelo, fracturándose una pierna.

El ser una persona talentosa no da el derecho de menospreciar a quienes no tienen ese privilegio, por el contrario, la humildad debe ser el principal adorno de los superdotados. No existe enemigo pequeño, sobre todo si hay personas que manifiestan su antipatía de la manera menos convencional al ver herido su amor propio.

En el final saludo estaban los artistas recibiendo aplausos y gritos de bravo, sólo estaba ausente Irina Stlevanova, que se vio forzada a hacer mutis por el foro (salió de escena por el fondo del escenario), llevada por una ambulancia al hospital más cercano.

Como el espectáculo debe seguir, no importa las condiciones; para la próxima función buscaron una soprano sustituta que no tenía la calidad interpretativa de la diva, pero poseedora de un carisma y simpatía que devolvió la sonrisa a todos los que componían la producción de Tosca.

MI PRIMERA ACCIÓN DE GUERRA

Estaba nervioso, era mi primera misión. Para Josué y para mí resultaba ser nuestra prueba de fuego, la graduación para la que habíamos estado preparándonos durante varios meses.

Tendidos boca abajo en una montaña de la frontera norte de Israel y el sur del Líbano estábamos una de las parejas que formamos parte de las cuatro emboscadas independientes. Aguardábamos la infiltración de extremistas del grupo Hezbollah, quienes según el servicio de inteligencia (Mossad), tratarían de pasar a nuestro territorio a cometer algunos de los crueles actos terroristas que los caracterizan.

Esa noche se prestaba para la incursión, la luna menguante era solamente una ligera línea curva en el cielo y la encapotada noche de lluvia invernal ayudaban a que no se pudiera ver ni los dedos de nuestras manos.

Estábamos alejados del camino principal usado por los guardias fronterizos en su misión de patrullaje. Colocado a un lado de una estrecha vereda usada por pastores Drusos y sus animales, camuflando nuestra posición entre rocas y arbustos.

Los Drusos se llaman ellos mismos Ahl al–Tawhid, gentes de un solo Dios, son una minoría religiosa monoteísta que vive principalmente en Líbano, Israel, Jordania, territorios palestinos y la mayoría en Siria.

Muchos piensan que la Tzáhal o fuerzas armadas de Israel solamente está compuesta por ciudadanos de origen judío. Ignoran que en las guerras de sobrevivencia del estado Israelita han muerto en su defensa trescientos sesenta y nueve Drusos, quienes junto a árabes islámicos y cristianos residentes en el estado de Israel, no están excluidos del servicio militar.

El frío y la humedad nos calaban hasta los huesos. Como parte de nuestro entrenamiento de snipers en las tropas elite "sayeret", tuvimos muchas horas de prácticas en condiciones adversas para fortalecer nuestros cuerpos y sobre todo nuestra voluntad combativa.

Mi rifle, un Remington modelo M 24, calibre 7.62x51mm que con sus doce libras y media de peso descansaba sobre el bípede. Lo sostenía en mis manos, que no dejaban de sudar, pese a la baja temperatura existente. La mira telescópica infrarroja que posee esta arma puede aún en la más absoluta obscuridad descubrir un blanco a 800 yardas de distancia como si fuera de día.

Mi compañero atisbaba en la noche con unos prismáticos especiales de visión nocturna y a su lado su fusil Galil. El usaba un arma automática para tener potencia de fuego, pues mi instrumento puede ser muy efectivo, pero como un bisturí quirúrgico corta con precisión tomándose su tiempo. Hasta no hace muchos años el francotirador era una especie de lobo solitario, hoy en día es un equipo compuesto de dos, ambos con la misma pericia y efectividad que pueden rotarse como tirador u observador, quienes con los instrumentos de precisión electrónicos, miden la velocidad del viento, la temperatura y la distancia, corrigiendo las variantes sobre el objetivo.

No conversamos, nos comunicamos con toques en el hombro, teníamos que estar atentos a cualquier ruido que nos avisara de algo anormal en nuestro coto de caza.

Pasada la media noche cuatro figuras sigilosas emergen por la vereda, cuidando la posición donde colocaban sus pies, recelosos de que el camino pudiera estar minado.

El que ocupaba la vanguardia o "Punto" como se nombra en la nomenclatura militar, llevaba en sus manos un AK 47 fácilmente reconocible por su cargador curvo, quien le seguía cargaba un Dragunov, que con su mira telescópica podía resultar muy peligroso para nosotros los del comité de recibimiento.

El tercer individuo era la artillería móvil, pues lleva en sus hombros un RPG 7 o lanza cohete y a sus espaldas una pesada mochila con proyectiles de repuesto. El que cerraba la marcha portaba también otro AK.

Suficiente poder destructivo traían para hacerles pasar un mal rato a los colonos de la alta Galilea, sin contar las minas que pueden colocar en lugares en donde la población civil son víctimas propensas.

Toqué a Josué al descubrir el grupo, y él con leve gruñido, anteriormente ensayado, me dio a entender que también los había visto. Todo fríamente calculado, con su voz que como un susurro confirmó por radio la presencia de los hombres y a su vez ratifica que en el área no hay gente amiga, indiscutiblemente eran enemigos.

Recibo una palmada en mi hombro dada por mi camarada, señal inequívoca que estoy autorizado a abrir fuego por el mando superior.

Para comenzar la "fiesta" tenía que seleccionar a cuál de ellos le disparo primero. El uno y el cuatro no son prioridad, pero el dos y el tres si tenían la facilidad de calentar el baile con los instrumentos "musicales" que los acompañan.

Como parte del oficio y sabiendo lo que significa el fuego contra sniper, decidí eliminar primero al portador del Dragunov.

Antes de colocar la emboscada busqué puntos de referencia para apreciar la distancia, tomando una enorme roca a cuatrocientas yardas y un árbol sicomoro a quinientas, ajusté las miras a cuatrocientos cincuenta yardas, colocando el pecho de mi primer objetivo en el punto centro de mi colimador.

Acompasar la respiración tratando de calmarse; centrar el objetivo a través de la mira, aspirar profundo dejando salir el aire lentamente y las tres libras de presión sobre el gatillo del arma son en conjunto las partes elementales para lograr un blanco perfecto.

Salió por el cañón de mi rifle un proyectil de 173 gramos de peso a 2600 pies por segundo, haciendo que el hombre que ocupaba el número dos en la fila saltara por el aire antes de caer inmóvil sobre el polvo del camino.

La llama y el sonido de mi rifle no se perciben gracias al aditamento colocado en la parte anterior del arma que opaca el resplandor de la llama y el ruido del disparo.

Los tres hombres restantes echaron cuerpo a tierra instintivamente tratando de encontrar el sitio donde salió el tiro.

Sin perder tiempo accioné el cerrojo, expulsando el casquillo vacío y colocando en el ánima del cañón una nueva bala, buscando mi nuevo objetivo.

Quien cargaba el lanza cohete tenía que ser mi atención inmediata, el poder destructivo de esos juguetes puede convertir en arena la piedra tras la cual estábamos a cubierto, si son capaces de convertir en chatarra un tanque de guerra que pesa 60 toneladas, que no haría con nosotros que solamente teníamos como protección la tela de nuestros uniformes.

Traté de adivinar el lugar donde vi por última vez al tercer hombre, sabía que para disparar su RPG no podía hacerlo desde el piso. Los otros dos comenzaron a disparar hacia todos lados, tratando de acertar a suerte y verdad mientras mi nuevo blanco se puso en pie alzando a la cara su arma y con una rodilla en tierra trató de apuntar hacia la piedra que me sirvió de punto de referencia antes de comenzar la acción.

Presioné el dedo índice de mi mano derecha y con ese simple movimiento logré que un seguidor de Alá fuera directo a visitar a las huríes que el profeta le prometió en esta Jihab o guerra santa.

Repetí la acción de cargar mi arma, buscando otra oportunidad, algo que me resultó casi imposible porque los remanentes del grupo terrorista habían comenzado a correr desenfrenadamente y logré hacer blanco en el punto, es decir el primero, casi a 600 yardas, cayendo hacia delante con los brazos abiertos y de cara a la tierra.

El último componente del grupo desapareció dejando a sus espaldas una nube de polvo, mientras yo le seguía buscando a través de la mira del fusil.

Unas palmadas en mi espalda y la conocida voz de mi compañero diciéndome: – les diste, les diste.

No contesté, la boca reseca por la tensión nerviosa y el humo de la pólvora me impedían hablar, mientras resonaban en mis oídos las palabras de mi padre al leer en la Torah el decálogo que recibió Moisés: No matarás, No matarás.

A la mañana siguiente supe por nuestro teniente que el otro terrorista había muerto al tropezar en su loca carrera con otra de nuestras emboscadas.

Caminé hacia los tres individuos que recibieron el impacto de mis balas, los miré uno a uno con detenimiento; no había en mi nada de revanchismo, ni menosprecio ante esos que fueron mis enemigos y podían haberme eliminado.

Pensé: He aquí los hijos y esposos de alguien, hermanos y familiares de alguna persona que los echará de menos, padres de unos niños huérfanos, los que a su vez venían a sembrar destrucción y muerte entre la gente de mi pueblo. Ante esa disyuntiva estaba claro que mi responsabilidad era evitarlo a cualquier precio. No es misión nada agradable, pero era mi deber.

Como dice mi compañero, este judío sefardita bromista y dicharachero que nació en Cuba:

–Verdad, verdad, que Guerra ni para usar como apellido es buena.

60

Teresita Chacón
Cubano–americana

Reside en Miami Florida. Graduada de Filología en la Universidad Central de Las Villas, Cuba.

Trabajó como Asesora Literaria en "La Casa de Cultura", de las ciudades de Regla y La Habana.

Pertenece al "Club de Literatura" de Francisca Argüelles. Participó en la antología El espacio Infinito del Cuento 2014. Publicado por D'har Services Editorial Arte en Diseño Global.

Colaboró en el año 2015 con la señora Priscila De la Cruz, en su libro: Cerca muy cerca, un homenaje a los niños de Fundación, Magdalena, Colombia. Publicado por D'har Services Editorial Arte en Diseño Global.

También en el 2015, forma parte del libro "Si te contara..." editado por Publicaciones Entre Líneas, de Pedro Pablo Pérez Santiesteban.

RECUERDOS

Frente a la carretera
el viejo algarrobo
en lo alto
el sonido de las torcazas
la inocente algarabía
desconoce la brevedad del tiempo
entonces todo es eterno
primero aguarda
una pequeña colina
sostiene las líneas
de un tren que nunca pasa
después un largo camino
como otro cualquiera
en la medianía
la magia del encuentro
al final la casa de zarzas y ladrillos
en el portón
el fantasma de un perro
ladra de alegría
mientras el abuelo sordo espera
la sala y los cuartos
protegen a los espíritus
que acechan la noche
agazapados en sus rincones
al fondo, en la terraza
la abuela barre las hojas secas
pasa el día
el sol se apaga
regresamos por el mismo camino
al atardecer
la magia acaba
la alegría vuela.

MONOTONÍA

Existe un lugar
donde el universo del hombre
es el asteroide más pequeño
de la Vía Láctea
a las cinco antes meridiano
alguien se preocupa
por el orden de los muertos
la cantidad de enterramientos
la limpieza del cementerio
obedece sin preguntas
al juego del absurdo
vive sin saber
si está soñando
a veces le da miedo
recordar cualquier pasado
se consume devorado
por consignas y promesas
mañana no existe
ayer y hoy son iguales
a las cinco pasado meridiano
alguien regresa a su casa
cansado se sienta en el balcón
acompañado de su mujer
y una perra
con los pies vueltos a la calle
la boca abierta
y los ojos cerrados
para esperar
las cinco antes meridiano
de siempre

LAS HORAS

Que puedo recordar
de la misteriosa casa
que habita
en una calle sin nombre
si no
las huellas del tiempo
que dignifican su presencia
olor a humedad
las pálidas mañanas
que transcurren lentas
mientras limpio
la platería frívola
de una anciana
que amontona recuerdos
el viejo sillón de cuero
donde se sentaba su esposo
ya muerto
en el patio la sombra
de una cabeza alucinada
descubro un piano de cola
en medio de una sala decadente
trato de levitar
pero no puedo
el piso de madera me delata
relojes esperan

desde sus rincones
el antiguo péndulo
se burla de mi ignorancia
él sabe sobre la brevedad
de las horas
pero no habla
solo recuerda
que se acaba el tiempo
no entiendo el lenguaje
de este implacable sabio

QUIMERA

Se gasta el tiempo
de un poeta
no es eterno
para alcanzar cumbres eternas
París era su límite
anhelaba caminar
por las empedradas calles
de Montmartre
ser un bohemio empedernido
escribir sus mejores poemas
en una bohardilla inmunda
se gasta el tiempo
de un poeta
no podrá respirar la magia
de las antiguas plazas
ni amanecer ebrio
en un café al aire libre
el poeta agoniza
en un rincón
de un país arrinconado
París no es inalcanzable
algún día
su alma volará
las escalinatas
del Sagrado Corazón esperan
entonces, allí
a sus pies
estará París iluminado

Cecilia Díaz
Cubana

Reside en Miami, USA. Graduada en Diseño y Periodismo en Koubek Center Miami Dade College.

Fundadora y directora de: la escuela de arte GiGis Academy, Fundación SOMOS. De los club literarios; SOMOS Book Club, para niños y jóvenes, y del Club Literario SOMOS, para adultos. En el 2015 lanza el Primer Certamen Literario internacional de la Fundación SOMOS.

Recibió dos reconocimientos como periodista por "The Art Of Freedom".

En España, premiaron su relato breve "Madre e Hija sin Tregua" por la asociación ADAEM, y su poema "Abecedario" otorgado por la organización Soy Poeta.

Actualmente tiene en edición su primer libro de cuentos y relatos.

www.ceciliadiaz.net.
www.fundacionsomos.net.
www.gigisacademy.com.

LA MELODÍA DE ASHLEY

Acostada en su cama, cierra los ojos y entona la melodía que compuso, cuyo sonido la evade y conduce a su mundo de fantasías. Se cubre con el edredón y en posición fetal, repite con voz queda *"pronto llegará mi mami para llevarme a la clase de piano"*.

Tiene trece años, pero le gusta imaginarse convertida en una famosa pianista, presentándose en los más prestigiosos escenarios del mundo. Sonríe poseída por su mente, que presa de emociones divaga en el añorado futuro. Visualiza su rostro en las portadas de las revistas y periódicos más importantes, y los reportajes elogiando sus interpretaciones.

Se ve en un gran escenario, sentada al piano, ejecutando su melodía. Al terminar, el público se pone de pie ovacionándola. Entre la multitud distingue a un apuesto joven, que al finalizar el concierto, la espera en la puerta del camerino con un bello ramo de rosas, invitándola a un paseo matinal en el parque.

Su imaginación incontrolable sigue proyectando vívidas imágenes. Disfruta el paseo en el parque, los niños jugando. Inhala profundamente el perfume de las flores, mientras la brisa le acaricia el rostro. Gira, gira con sus brazos extendidos, mirando el cielo azul. Se siente libre y feliz.

El joven corre tras ella, que sin dejar de tararear su melodía, retoza escondiéndose entre los árboles. Logra alcanzarla, y al poner suavemente los dedos sobre sus labios, detiene su canto. Se miran a los ojos, ella siente amor puro por primera vez.

Ashley percibe unas pisadas acercándose, su cuerpo nervioso se pone en alerta. Mira al joven, queriendo retenerlo, temerosa de que abandone su sueño. Se refugia en su pecho desesperadamente, necesita sentirse protegida. Las pisadas se acercan, abren la puerta de su cuarto, ansiosa vuelve a tararear, tiembla, y el ritmo de su melodía se acrecienta. Entonces piensa, es mi madre, me dará un beso y nos iremos a la clase de piano.

Solo cuando el abrazo es tan fuerte que le impide respirar, deja de tararear, abre los ojos y comprende, que quien la abraza, es el cura del Orfanato. Esa grotesca imagen la regresa a su cruda realidad. Él viene cada noche, a pisotear sus sueños, a mancillar su cuerpo.

kathy de Armas
Cubano–americana

Periodista, productora de espectáculos, escritora y cantante cubana. Ha vivido el exilio cubano desde 1980.

Sus primeros 20 años vivió en New York City. Desde el principio del nuevo milenio, se mudó a la ciudad más al sur del país donde viven y se destacan los cubanos en todos Los Estados Unidos... MIAMI.

Se dedica a las artes, destacándose en la música y la literatura. Ha publicado tres libros y sus trabajos aparecen en varias antologías de poesía, cuentos, etc.

Kathy ahora se revela como motivadora espiritual.

Una caja de regalos para ustedes, los lectores, quienes adoran las filosofías de La Nueva Era.

LA CONEXIÓN ENTRE EL SUEÑO Y EL ESPÍRITU

Yo creo que desde tiempos inmemorables, los sueños han cumplido un papel muy importante en la toma de decisiones de las personas que han encontrado en ellos, una fuente de inspiración. Y no es al azar que grandes descubrimientos en química, física y astronomía se hayan dado gracias a la acción de los sueños.

¿Qué hay en los sueños que los hace dignos de consideración por parte de los psicólogos y psicoanalistas y se convierten en la coartada perfecta para depositar allí los asuntos pendientes o inconclusos, ser los portavoces del deseo, que en medio de la censura, se expresan en el mágico laberinto del lenguaje onírico?

Sigmund Freud lo veía como un camino para llegar a lo inconsciente y lo consideraba valioso aporte al psicoanálisis por la riqueza de los contenidos para interpretar.

Cuando se descansa, se está más abierto al cambio, porque el cese de actividades nos permite generar alternativas, pues el descanso al cerebro, le facilita pensar de manera estratégica.

El descanso permite la renovación del cuerpo, del espíritu y de la mente. No hay nada tan saludable como hacer un alto en el camino y darle tiempo a la pereza creativa, para dejar que ella se manifieste y de esta forma regalarnos estos momentos de cero preocupaciones… y sin que la culpa se apodere de nosotros, le permitamos al ocio hacer su trabajo de restaurarnos.

Descansar sin miedo es otro de los secretos. De nada sirve regalarnos tiempo para el descanso si a cada momento nos culpabilizamos del tiempo perdido y luego nos acusamos de ser improductivos porque desde niños nos programaron para no desperdiciar ni un solo instante... sin reconocer que en el descanso no hay tiempo perdido... sino más bien tiempo invertido en nuestra productividad.

En lo particular yo creo que al relajarnos en un sueño profundo el espíritu es mas libre de actuar en una mente recta y estrechamente ligada a lo Crístico sin la necesidad de verse influenciado por los desatinos del ego. Es casi una necesidad impuesta por nuestro ser interno a imponer su presencia en nosotros al menos por 1/4 del tiempo total de nuestro día, y por eso durante este tiempo nos revela ciertos eventos que debemos prevenir, nos intuye a tomar decisiones en asuntos en los que no hemos encontrado solución, nos indica en qué estamos equivocados a través de las muy simbólicas pesadillas.

Finalmente yo creo que El Espíritu Santo en conexión con nuestro propio ser interno se confabulan para darnos cierta ayuda durante el tiempo en que dormimos, no solo restauramos nuestro sistema inmunológico, sino que relajamos nuestra mente activa, y podríamos hasta cambiar las manifestaciones de nuestro ego después de un día con gran afán... Esto es solamente mi opinión y yo los incito a indagar en este tema si les importa, pero un consejo es: Que esta noche cuando vayan a descansar y pongan su cabeza sobre la almohada, le pidan a Dios una guía para dilucidar mejor este asunto o cualquier otro... Feliz sueño...

LAS RELIGIONES VS. FILOSOFÍAS

La **religión** es la creencia, la fe y la **devoción por todo lo que se considera sagrado**. Se trata de un culto del ser humano hacia entidades a las que se atribuyen poderes sobrenaturales. Como tal, la religión es la creencia a través de la cual las personas buscan una conexión con lo divino y lo sobrenatural, así como cierto grado de satisfacción espiritual mediante la fe para superar el sufrimiento y alcanzar la felicidad.

¿El mundo necesita otra religión, como la atmósfera un agujero en la capa de ozono? No, en esa distorsión de luchas por la verdad, las religiones solo han creado una separación no solo por lo que cada una considera dogmas de moralidad y creencia, sino una lucha por tener cada una la verdadera interpretación de quien tiene la verdad o qué Dios es el verdadero. Más hay un solo Dios, una energía Universal Creadora y que es solo bondad, compasión, y Amor.

Dos de los versículos que se citan con más frecuencia en la Biblia vienen de Juan. Ambos hablan acerca del amor. Juan 3:16 dice: "*Porque de tal manera amó Dios al mundo, que ha dado a su Hijo unigénito, para que todo aquel que en él cree, no se pierda, mas tenga vida eterna".*

Es verdad que una demostración externa de amor hace una impresión importante en las personas. En un mundo egoísta, infeliz y confundido, las personas que practican el amor —el camino de *dar*, de un interés ajeno, en vez del camino de *obtener*— ciertamente sobresalen entre todos los que les rodean. Y para eso no tenemos que pertenecer a ninguna religión.

Dignora Domínguez
Cubano–americana

Graduada en Contabilidad de la Escuela de Comercio en Ciudad de la Habana, y de Administración de Empresa en el Instituto Playa Girón, en La Ciudad de La Habana, Cuba.

Graduada de Asistente Médico, y Flebotomía, en Miami.

Fue maestra en Cuba y USA. Es escritora, y como pintora ha tenido tres exposiciones privadas.

En la actualidad sus pinturas se exhiben en exposiciones internacionales en los Condados de Miami y Broward.

Nace su primera obra literaria, Mi pueblito viejo, en el año 2015 con la Editorial Entre Líneas de Pedro Pablo Pérez Santiesteban. Y nominado en la categoría de narrativa para el premio, Carmen Luisa Pinto, del año 2016.

Realizó en el 2015 la pintura de la carátula del libro, Si te contara…, selección de cuentos de diez participantes del "Club de Literatura" de Francisca Argüelles.

Dignora participa en las Peñas Literarias de Pedro Pablo Pérez Santiesteban, y en el "Club de Literatura" de Francisca Argüelles.

LA TAZA DE TÉ

A una de mis amigas por su cumpleaños, le obsequiaron una preciosa taza de té de finísima porcelana. Unas pequeñas flores primorosamente pintadas a mano, adornaban tanto la taza como su plato. Los tonos de ellas eran de suave color pastel, una línea dorada decoraba su borde. Que en su interior se mezclaban con aquel brillo nacarado que te hacía recordar a una madrépora mostrando su corazón. ¡Era tan bella!, que los ojos se quedaban prendados en ella y al notar tanta fragilidad, pensabas que podría quebrarse fácilmente entre tus manos.

Ella buscó rápidamente un lugar seguro, desde el cual se pudiera apreciar.

Todas las personas que la visitaban, quedaban maravilladas con su regalo y cautivadas contemplándola.

Ninguna de sus amigas poseía una igual, por lo que la taza de té se hizo famosa.

Nunca la usaron en sus frecuentes reuniones por temor a que se dañara y así la pequeña taza permaneció guardada tras el cristal de la vitrina, desde donde mostraba toda su luz y color.

Pasaron los años y llegó el momento en el que su dueña decidió obsequiársela a una sobrina muy querida y allí se repitió la historia. La muchacha saltaba de alegría al tener entre sus manos aquel tan maravilloso regalo y la mostró a todos, que la admiraban de igual forma.

Así, la bella taza de té, vio transcurrir veranos e inviernos, pero nunca la usaron por temor a romperla.

Nuevamente fue obsequiada a otra persona que vivía en el campo y de nuevo logró el asombro de todos los visitantes de aquel humilde hogar.

Junto a la vitrina de cristal, donde permanecía guardada, había una vieja botella que sostenía en su boca, una vela medio derretida y la cera que se desprendía, rodaba botella abajo, cubriéndola casi por completo.

Una madrugada, escuchó un tintineo cristalino que provenía del interior de la vitrina, miró con curiosidad y vio que la frágil taza se estremecía suavemente sobre su plato y con voz de asombro se dirigió a ella:

—¿Tú estás llorando, qué te sucede?

—Estoy muy triste.

— ¿Por qué, como puede ser que te sientas así, si eres lo más bello de esta casa, la admiración de cuantos te ven?

—Precisamente por eso, mi problema es la belleza.

Y dijo la botella:

—No puedo comprender. Mírame lo fea que me veo, toda llena de cera sucia que me cubre y no lloro por eso.

La taza respondió entre sollozos:

—Tú les das luz y calor. Yo nunca he podido sentir en mi borde el beso de unos labios, que esperan de mí, un sorbo de exquisito y tibio té. Que yo les quiero, brindar.

EL MENSAJE QUE TRAJO EL MAR

Era una soleada y fresca mañana, en un pequeño pueblo de pescadores que parecía acurrucarse a la orilla del mar. En el muelle había un febril movimiento entre los trabajadores que descargaban la pesca de un viejo barco. Las gaviotas y pelícanos, que se arremolinaban tratando de robar algún pez de las grandes cajas, con sus graznidos y chillidos ponían música al ambiente marinero.

Las olas mecían suavemente las lanchas y barcazas que se agrupaban cerca del muelle.

Comerciantes y vecinas también se movían alrededor de las mesas, en las que se mostraba y vendía el pescado recién llegado.

Los muchachos disfrutaban de sus vacaciones, por lo que los veías correr por todas partes como pajaritos escapados de sus jaulas. Unos ayudaban a sus padres, otros acompañaban a sus madres a comprar pescado y otros curioseaban por doquier.

Así era la vida, alegre y tranquila del pequeño pueblo.

Por la orilla de la playa, donde el agua muere cantarina y espumosa, corría uno de ellos, chapoteando feliz, disfrutando sin peligro alguno de aquella preciosa mañana. Su pie descalzo, chocó con algo medio hundido en la arena. Era una botella maltratada por el mar. Tenía un corcho, muy hundido y en su interior había un papel escrito. Intenta destaparla, no lo logra y hecha a correr hacia el muelle para mostrársela a los que allí trabajaban.

Llegó ansioso levantándola y gritando ¡Miren lo que encontré!!!, ellos no le prestaron atención. El mar traía muchas diferentes cosas a la orilla que los barcos desechaban en alta mar y ellos continuaron su trabajo. Pero el niño continuaba mostrando su botella y les dijo "tiene un papel dentro".

Cuando escucharon eso, los hombres que estaban cerca de él, detuvieron su tarea y se acercaron con curiosidad.

Uno de ellos la tomó y decidió romperla para extraer el papel.

Ya muchos curiosos se unieron al que la sostenía en sus manos, quien con los ojos agrandados por el asombro, leyó en voz alta:

"Soy Thomas capitán del barco "La gaviota", nos azota una tormenta, nos hundimos ".

Todos abandonaron sus trabajos, se hizo un profundo silencio mientras las lágrimas comenzaban a rodar por los rostros curtidos de aquellos hombres.

Hacía dos años el barco pesquero que llevaba ese nombre, había partido de ese muelle.

Nunca regresó y las familias de los pescadores por mucho tiempo miraron al horizonte día y noche, con la esperanza de verlo volver.

Jamás se supo lo que sucedió, hasta ese momento, en que el mar les trajo el mensaje.

Rosa Fuentes
Cubano–americana

Reside en Miami. Graduada de Ciencias Comerciales de La Escuela de Comercio de La Víbora. Desde temprana edad descubrió su pasión por el Arte. Sus pinturas han sido expuestas en: Ferias de Arte, Eventos Culturales y Bibliotecas. Ha recibido premios y menciones de honor en concursos literarios internacionales y nacionales, en: Youth Fair, La Casa de los Municipios de Cuba en el Exilio, y La Sociedad de Poetas y Escritores. Donde formó parte del jurado en sus Concursos Literarios del 2013 y 2015.

Finalista del concurso en el mes de La Hispanidad, en las bibliotecas de Miami Dade, 2015.

En el año 2015 publicó su primer libro. "Cuentos... Realidad o Fantasía". Trabaja en su segundo libro de poemas.

Asiste a La Sociedad de Poetas y Escritores, The Cove Rincón International, ELILUC Luz del Corazón de Mery Larrinúa, El Club de Miami Atenea, el Instituto de Cultura Peruana, Las Tertulias de Xio, Las Tertulias de Entre Amigos, El Club Literario Somos, La Peña Entre Líneas de Pedro Pablo Pérez Santiesteban.

Al "Club de Literatura" de Francisca Argüelles, participó en las antologías del club; Navegante de Palabras en el 2012. EL espacio Infinito del cuento, 2014 con D'har Services Editorial Arte en Diseño Global.

LA INVITACIÓN

Los rayos del sol lo bañaban todo, un arcoíris en el cielo me hacía recordar que habíamos tenido lluvia, el olor a hierba mojada también me lo recordaba. Me gustaba ir al jardín después que llovía y ver las gotas de agua prendida en los pétalos de las flores.

Esa tarde no lo pensé dos veces, ya estaba dispuesta a salir cuando el timbre de la puerta me lo impidió. Era un mensajero, tenía un sobre en sus manos, pensé que se había equivocado, pero no, era mi dirección y venía dirigida a mí.

No puedo negar que estaba sorprendida, hacía mucho tiempo que no recibía correspondencia. Me dirigí a mi escritorio para buscar el abre cartas, pero antes de llegar, ya la había abierto.

Dentro un pergamino de color natural, doblado, realmente estaba intrigada, qué sería aquello. Al abrirlo vi que era una invitación a una exposición de arte. Hacía muchos años que no asistía a ninguna.

Desde que... de pronto se agolparon en mi mente recuerdos que había olvidado, o que no quería recordar.

Han pasado tantos años desde esa noche… Fui invitada a una galería donde se expondrían obras de un famoso pintor extranjero que se encontraba de paso en la ciudad.

Con el entusiasmo propio de la juventud me preparé para asistir, decidí que me pondría mi vestido de encaje rojo, con el broche dorado, después de sujetar mi pelo de varias formas, opté por dejarlo suelto. Entusiasmada, me parecía que el tiempo no pasaba, pero al fin llegó la hora de partir.

Yo había estado anteriormente en esa galería, pero esa noche al llegar todo parecía distinto.

"Estaba tan ensimismada contemplando uno de los cuadros que no me di cuenta, que a mi lado había alguien, hasta que oí una voz que preguntaba mi opinión sobre la pintura que admiraba.

Era un hombre no muy joven, pero debo confesar que muy atractivo e interesante y también debo admitir que me cautivó. Era una de esas personas que sin haberla visto antes, te parece que la conoces de toda la vida, su mirada era profunda, sus ojos trasmitían confianza.

Volvió a preguntar, ¿Qué crees de esa pintura?, ¿Te gusta?

Seguimos juntos contemplando las otras obras, criticándolas o admirándolas, en ocasiones coincidíamos, en otras no. Tenía una risa fácil y contagiosa.

De pronto antes que terminara la exposición me tomó del brazo y me dijo, vámonos de aquí, estamos de más.

A la mañana siguiente me trajo a mi casa, y nos despedimos".

Volví a mirar la invitación, la exposición era en la misma galería de aquella noche.

Nunca me reproché lo que había sucedido, sí por lo cobarde que me había vuelto, por el miedo que siempre sentía por todo lo desconocido, en este mismo momento sentía miedo de un simple papel, un papel que estrujaba nerviosamente entre mis manos.

Me preguntaba ¿Quién? y ¿Por qué me mandaban esa invitación?, ¿Será él?

Me sentía confundida, inquieta, estaba llena de dudas, sentía un gran temor, pero decidí que iría.

Las horas pasaban tan lentas como esa otra noche, más esta vez no tenía ningún entusiasmo, simplemente estaba nerviosa.

Al llegar, me asaltaron las dudas, quizás debía regresar no quería seguir recordando lo que yo creía que estaba olvidado. Mis pasos se encaminaron hacia la entrada, me detuve por un instante, levanté la cabeza y seguí hacia delante. Una mujer joven estaba dando la bienvenida a los asistentes.

Fui recorriendo la galería lentamente, en verdad no prestaba mucha atención a los cuadros, lo que mis ojos estaban buscando era una respuesta.

Decidida a irme, di la vuelta, de pronto vi a la mujer joven que había visto a la entrada, rodeada por un grupo de personas contemplando una pintura, me acerqué y alcancé a oír que explicaba:

—Es la primera vez que se expone, mi padre en vida nunca quiso hacerlo, siempre decía que era su obra maestra.

Con desgano, pero curiosa por esas palabras, contemplé el cuadro: Era la pintura de una mujer. Una mujer joven, con un vestido de encaje rojo, y en su pecho lucía un broche dorado.

Isabel García Estopiñan
Cubano–americana

Nació en Matanzas, Cuba. Poeta, escritora, músico y Cosmetóloga por haber vuelto a nacer en Miami, Fl. USA.

Los premios, las medallas y los diplomas se quedaron en Cuba. Fueron demasiados para recordar en casi 30 años de vida laboral, pero en realidad, el mayor premio fue haber nacido Artista, y eso no fue un logro mío, sino de mis padres.

Tengo guardados alrededor de 100 Poemas, innumerables Cuentos, y estoy escribiendo una Novela y una noveleta.

Mi nombre artístico es ISABELITA.

Colaboró en el año 2015 con la señora Priscila De la Cruz, en su libro: Cerca muy cerca, Homenaje a los niños de Fundación, Magdalena, Colombia.

POETA CULINARIO

Lloraba parado frente a un caldero con una cebolla en la mano. Las lágrimas caían y se convertían en sopa. Su voz entrecortada musitaba una Poesía.

Eso era una de las consecuencias de ser Cocinero y Poeta a la vez.

La primera inspiración le vino de niño, al ayudar a su mamá a moler carne para un picadillo. Ese fue, su único poema, hasta que ya adolescente, un día, que se encontraba sólo en su casa y con mucha hambre, compuso un Soneto con el crepitar de unos huevos fritos.

Tuvo que ocurrirle otra vez, para que se diera cuenta de la coincidencia, y fue al aliñar una ensalada y rimar unas Décimas.

Alaindiro se propuso entonces estudiar Arte Culinario en una Escuela de Gourmets. A partir de ese momento junto a los libros de cocina, se mezclaron los libros del Arte Poético, del que es autodidacta.

La Poesía de la Cebolla estaba dedicada a su gran amor, Francosca, la que en un impulso, suponía él, había terminado la relación.

Entre vapores de humo y suspiros profundos, compuso estos versos:

no quieras francosca mía
matarme por desamor
mátame, pero de amor
mátame, de alegría.
la cebolla de este día
no es motivo de mi llanto
es tu ausencia y mi quebranto
la causa de esta espinela y,
también de la panetela
que te hago mientras tanto

Pasaron los días y FRANCOSCA no se dio por enterada del Poema. Entonces Alaindiro pensó, que quizás, lo arcaico de la Forma Lírica tenía la culpa. Compondría una Rima JTB.

Fue en busca de inspiración a la cocina. ¿Qué guiso? Se preguntaba. Y de pronto lo supo. Le haría una PAELLA. ¿Qué cosa mejor PA' ELLA?

entre el arroz y el marisco, mi pena
se mezcla para llorar tu condena
con los utensilios de la cocina,
junto a la sal, la azúcar y la harina,
esta con la leche y la margarina,
mi dolor, el pañuelo y la aspirina

hago este intento de amor culinario
hago este intento de amor incendiario

para así conquistarte con mi cena,
con mi amor, con mi poema y la rutina,
de besarte, de cocinarte a diario

Entonces increíblemente, FRANCOSCA le mando
este Soneto como respuesta.

déjate ya, de tanta cantaleta,
déjate ya, de tanto poema loco
no cocines, ni tan siquiera un poco
no volveré a comer de tus recetas

gracias a tus platos me volví poeta
por ellos descubrí como inspirarme
aunque para eso tenga que sentarme
en el trono para hacer la cuarteta

así me salen las rimas sin querer
así me salen las rimas sin pensar
 y la verdad es que yo, no quisiera ser

del retrete una fuente para versar
 y lo único que necesito es volver
como todo el mundo tranquila a, jiñar

Él

La primera vez que Nuelda lo vio fue en el Metro. Ella, ya se iba a bajar, y él estaba en un asiento lateral. Tuvo una sensación rara.

Lo volvió a ver un mes más tarde a la entrada del Mall. Presintió, antes de verlo, la mirada y sintió escalofríos.

Después, se lo encontraba todos los días. No podía decir que la seguía, porque ya estaba cuando llegaba al lugar.

Cambió sus rutinas. Tomaba diferentes rutas para ir al trabajo, también dejó de visitar a sus amistades, hacía las compras en distintos establecimientos, asistía a otros Gimnasios. No valía de nada, siempre encontraba su muda y pálida presencia.

Poco a poco, se lo tropezaba más de una vez al día. Hasta que decidió no salir.

Le permitieron hacer el trabajo en la casa. Ordenó sus compras por Internet. Tocaron a la puerta para la primera entrega.
Era él.

DECISIÓN

Se levantó de la cama, fue al baño y se miró al espejo, notó algo diferente, pero no podía definir lo que era. Estuvo largo rato mirándose, buscando la diferencia, y no la encontró. Pensó, que mientras más se miraba, mejor se sentía. Buscó una silla y se sentó, así no se cansaba, y seguiría mirándose.

Al llegar la noche, notó que no había comido nada en todo el día, corriendo fue hasta la cocina y se preparó algo rápido, y se lo comió frente al espejo.

Le gustó. Era agradable comer consigo misma. Se lavó los dientes y se alegró que el toilette quedara en una posición desde la cual se podía mirar. Nunca se había percatado, de la transformación de su cara cuando aliviaba sus esfínteres.

Disfrutó de sí misma, tanto que preparó un colchón de aire sobre una mesa, la que a duras penas logró entrar en el baño. Dejó la luz encendida para poder seguir mirándose mientras se dormía.

Era una maravilla verse roncar y contemplar la palidez de su rostro. Entonces decidió quedarse a vivir dentro del espejo.

Pilar Gómez Nieto

Cubano–americana

Reside en la ciudad de Miami. Es miembro del "Club de Literatura" que dirige Francisca Argüelles, donde ha tenido la oportunidad de brindar su creación literaria y formó parte de la antología del mismo, "Navegantes de Palabras" del 2012 y El espacio Infinito del Cuento en el 2014. Publicados por D'har Services Editorial Arte en Diseño Global.

Participó en el evento Grito de Mujer, convocado por AIPEH Y ELILUC. En el Periódico "Los Tiempos" ha publicado dos artículos.

Participó en el año 2015 con la señora Priscila De la Cruz, en su libro: Cerca muy cerca, Homenaje a los niños de Fundación, Magdalena, Colombia. Editado por D'har Services Editorial Arte en Diseño Global.

REGRESO DE OHIO

Me adentré en la espuma blanca
que cubre la metrópoli
cual velo de novia del amanecer
no la deja ver
El astro rey la corona con dorada luz
en su intento por resplandecer
!Quema mi piel!
Nunca antes estuve tan cerca de él
El día frío y lluvioso quedó allá
entre las construcciones
de la antigua ciudad
que esconde tanta nubosidad

UNA PAUSA EN EL CAMINO

En un largo viaje de vacaciones, William Smith y su esposa Elizabeth, decidieron hospedarse en una posada del camino, tras largas horas de recorrido por carretera.

El pequeño hotel, de madera y techo de tejas, se veía desolado y alumbrado con bombillas amarillas de poca iluminación, lo que no daba buen aspecto al lugar. En la recepción, fueron atendidos de inmediato por un apuesto hombre de unos 50 años, Anselmo, quien les brindó muy buena atención.

Tenían donde pasar la noche, los ubicaron en una habitación, con ventanas hacia el exterior. Querían tomar un baño para lograr un descanso pleno y continuar su viaje, pero antes era necesario comer algo.

—Averigüemos con Anselmo, dónde podemos cenar. Propuso Smith.
—Está bien. Respondió Elizabeth.
Anselmo les sonrió y dijo:
—Afortunadamente, en el centro del pueblo, hay festejos carnavalescos, con kioscos de comidas, bebidas, y pueden disfrutar de una tradición histórica que data del 1890. El pueblo está dividido en dos barrios: Santa Teresa y San José; llamados Sapos contra Chivos. Se preparan por

todo un año de manera secreta, supuestamente es competitivo, en realidad no hay un veredicto final. Cada bando desarrolla iniciativas basadas por ejemplo en la Historia Universal y participa toda la población, aprovechando el talento de la zona, carpinteros, artistas, etc.

—¡Interesante!, interrumpió Elizabeth.

—Sí, no los demoro más, terminó Anselmo, indicándoles la ruta a seguir.

Dieron las gracias a Anselmo y tomaron su auto. De acuerdo a las indicaciones dadas por él, llegaron al lugar recomendado, el parque del pueblo. Comieron a gusto, disfrutaron de la música bajo un cielo muy estrellado y en compañía de la luna, como suele verse en las afueras de las grandes ciudades.

Caminaban entre la muchedumbre, cuando los altos parlantes anunciaban el inicio de "La Parranda de Camajuaní". No se hizo esperar la aparición de una bella carroza, un perfecto teatro rodante, representando el personaje místico, "Drácula", bajo el título: "Drácula el príncipe de las sombras". Jamás imaginaron presenciar algo tan bien logrado.

Habían transcurrido tres horas, de lo cual ni se percataron, lamentablemente tenían que marcharse sin ver el final del desfile, prometía ser fantástico.

Llegaron al hotel en busca del aseo y el descanso que el cuerpo les pedía, para emprender el camino nuevamente.

Adentrada la madrugada, ella escucha un bullicio que no podía asociar a nada conocido. Al mirar por la ventana en dirección al ruido, le sorprendió que era producido por las carretas que tenían colgado a ambos lados, pitos, matracas, sombreros, caretas y muchas más cosas que suelen venderse en los carnavales. Evidentemente, los comerciantes estaban hospedados en el mismo lugar que ellos.

Elizabeth, no lograba conciliar el sueño, en su pensamiento afloraban las frases recién pronunciadas por Drácula, mientras su esposo dormía a piernas sueltas y hasta roncaba.

Se dirigió al baño y algo movió la cortina de la bañera, quería mirar pero no pudo, no se atrevía a descorrerla, estaba impresionada al punto de emitir un grito involuntario que despertó a su esposo. Él sobresaltado tocó a su lado, y al no alcanzarla con su mano, súbitamente se levantó, preguntando:

–¿Mujer, qué pasa? ¿Dónde estás?
Ella asustada, no dio respuesta.

La única posibilidad es el baño, – pensó. William, abrió de inmediato la puerta y en eso... ¡Plaf!

Frente a él, su esposa petrificada. Y ante sus pies la causa de tanto revuelo, recibiéndolo.
¡Una rana!

Sonia Guerra
Cubano–americana

Estudió magisterio y lo desempeñó en La Ciudad de La Habana. Es pintora.

En el año 2014 publicó su primera obra literaria, que relata su vida, Flores de Otoño, con Publicaciones Entre Líneas que dirige Pedro Pablo Pérez Santiesteban.

También en su libro hay poemas para niños a los que puso música de su propia inspiración. La pintura de la carátula del libro es suya.

Asiste a las Peñas de Pedro Pablo Pérez Santiesteban y al "Club de Literatura" de Francisca Argüelles.

CARTA A UNA AMIGA MÍA

Querida amiga mía:
cómo pudiera halagar
tu valiosa compañía

Hay seres que no disfrutan
tu presencia singular
he aprendido a valorarte
Por ser incondicional

Adorable compañera
testigo y consejera
tú le das la bienvenida
a mi musa cuando llega

En tu apacible figura
la luz de la inteligencia
hace que brillen las artes
y resplandezca la ciencia

A pintores y poetas
le regalas tu amistad
por eso te veneran
ilustrísima señora
compañera soledad

AMANECER

Con la alborada del día
apareció la mañana
despierta amor
que la aurora
se colgó en mi ventana

Qué bello despuntó el día
hoy hay fiesta en nuestra cama
qué bien lucen sobre el suelo
mi ropón y tu pijama

Se posa el sol en la cama
hechó a volar el sinsonte
ya resplandece el rocío
que humedece el bello monte

Música de sinfonía
se ha transformado en bolero
danzando con sincronía
está retumbando el cuero
rumba de amor y alegría
ha puesto a temblar el suelo

Con ese repiquetear
de maracas y tambores
ríos se desbordan
como nuestros corazones
y en nuestro nido de amor
nacen millones de flores

ANIMAL RASTRERO

En el lodo siempre habitan
los animales rastreros
acechando se deslizan
para lanzar su veneno
atacan y devoran
lo que en el planeta es bueno

Quieren siempre aniquilar
a la frágil mariposa
por tener bellos colores
y vivir entre las rosas

Va libando dulce néctar
que le regalan las flores
más ellos comen carroña
que despide pestilencia
igual que sus corazones

Con ese instinto voraz
los animales rastreros
no pueden alzar el vuelo
ella vuela entre las nubes
y ellos, no pasan el suelo

Luis Gutiérrez Pérez
Cubano–americano

Nació en La Habana, Cuba. A los diez y siete años comenzó a participar en los talleres literarios en su terruño natal, Habana Vieja. Donde ganó los concursos de cuentos de los talleres literarios en los años 1990 y 1991.

Colaboró como reportero para el diario capitalino "Tribuna de La Habana".

En 1992 obtuvo mención en el primer concurso de relatos "Cirilo Villaverde" y en el concurso de cuentos provincial del municipio Guanabacoa. Se graduó como técnico en Contabilidad en el Politécnico De Economía de Ayestarán.

Participa en el "Club de Literatura" que con éxito dirige Francisca Argüelles, donde afirma que "se siente realizado y dichoso". Formó parte de las antologías "Un Horizonte Literario" 2010 "Navegante de Palabras" 2012 y "El Espacio Infinito del Cuento" en el 2014.

Colaboró en el año 2015 con la señora Priscila De la Cruz, en su libro: Cerca muy cerca, un homenaje a los niños de Fundación, Magdalena, Colombia. Libros publicados por D'har Services Editorial Arte en Diseño Global.

También en el 2015, forma parte del libro "Si te contara…" editado por Publicaciones Entre Líneas, de Pedro Pablo Pérez Santiesteban.

NOSTALGIA

Crecí en una comunidad donde todos los días pensábamos que sería el último de un exilio cruel, indócil que nadie deseaba. Recuerdo que los sábados en la mañana mi mamá me vestía con la ropa dominguera e íbamos al Aeropuerto Internacional de Miami a seleccionar cual avión preferíamos para regresar a Cuba. Ella, con la esperanza escapándosele por los ojos, me apretaba la mano y con vocablos partidos, desechos me espetaba: "Mara, ese rojo de listas azules me gusta. Es como un pájaro enorme. Quizás hasta no quepa en nuestro cucurucho capitalino". Yo la veía emocionada y me dejaba llevar: No, mami, me agrada ese verde con el logotipo de un canguro. "Pero hija no ves que ese seguro va para Australia". Así nos pasábamos la mañana sabatina, para después enrumbar hacia la "Ermita de la Caridad del Cobre" y allí rogarle a "Cachita", santa patrona de todos los cubanos, un milagro para regresar a nuestro terruño. Yo también aprovechaba y le pedía por mi papá, que no creía mucho en Dioses ni Santos. También con los labios cerrados para que mi mamá no se percatara le hablaba a nuestra patrona de Steve. De su pelo encaracolado en forma de cascadas, sus brazos fuertes y ese acento cómico de gringo que mostraba cuando intentaba hablar español. A mis doce años y ya estaba enamorada. Y nada menos que de un americano. Mi mamá sin embargo tenía otros planes para mí...

104

"Mariíta, quiero que te cases con un cubano. Toda de blanco. Con la honra y la ingenuidad incólume. Para eso trabajo horas extras en la factoría, frente a una máquina de coser que me arrebata la vista todos los días". Mi madre trabajaba más de doce horas cinco días a la semana. Mi padre hacía lo mismo en una gasolinera de lunes a sábados, teniendo solo de descanso los domingos. Mi padre, en una lejana tarde de mayo, con su caballo centauro se robó a mami. Simplemente se la llevó de casa de sus padres e iniciaron una feliz relación. Sin embargo solo se casaron veinte años después cuando yo era una vejiga que jugaba con muñecas y alimentaba lagartijas. Mi progenitora todavía se queda extasiada en la tienda de novios viendo los vestidos. Sus manos, pobladas de venas azulosas y pinchazos de agujas, descubren la suavidad de la tela. Entonces se vira hacia mí y profiere: "Algún día, algún día".

Mis padres me educaron como se hace con una chicuela pretensiosa e inquieta. Nada de darle la mano pues se cogerá el brazo entero. Sin embargo estábamos en otra sociedad.

Existían otras reglas, pero para un guajiro de Guane, llegado a la Habana por puro milagro como mi progenitor no habían normas diferentes de crianza. Recuerdo una tarde en que lo amenacé con llamarle a la policía y acusarlo de abuso si me daba un golpe. El no se inmutó y sacando su cinto de hebilla doble me pegó dos buenos cintazos. Después me alcanzó el teléfono y me dijo que llamara. Solo recuerdo que en medio del dolor un pedazo de ternura me brotó muy de adentro y aprendí a querer un poco más a ese grandulón de manos callosas y hablar en rimas.

Mi mamá a pesar de la radio y de la televisión nunca aprendió a hablar inglés. Recuerdo una oportunidad en que una amiga de la escuela estaba en casa y le comentó a mi progenitora algo en ese idioma. Mi vieja muy apenada le respondió que no la entendía. Entonces yo me viré hacia Elizabeth y le dije: "¿Sabes qué hace mi mamá en vez de ir a la escuela nocturna de inglés?" La muchacha no respondió nada y yo continué... "Pues trabajar en una factoría, desde las nueve de la mañana hasta las nueve de la noche". Mi progenitora, a pesar que lo dije en inglés me entendió. Ese día fui un poco más dichosa.

Ahora ya ha pasado el tiempo. Pero este Exilio sigue siendo atroz y deleznable. Ya mi madre no observa los aviones en el aeropuerto. Aunque todavía, a veces, vamos a la "Ermita" y rezamos juntas por Cuba. Mi padre es un anciano que sigue leyendo las noticias de la isla y preguntando si ya Guane es una provincia. Yo le arreglo el pelo, le amoldo sus canas, pero él sigue afeitándose solo. En su cintura el cinto de dos correas y sus resabios..."Usté, es buena, mija, pero si se me joroba un tanto le caigo a correazos". De Steve no he sabido mas, solo que se graduó y se fue a una Universidad neoyorkina para terminar su Maestría. Quedamos como amigos. Yo por mi lado le cumplí el sueño a mi mamá. Me casé con un cubano en la "Iglesia Católica San José", vestida de blanco, con la honra y la inocencia intactas. Ahora tengo un varoncito de dos años que ya amenaza con... calzar el viejo cinto de dos hebillas de su abuelo.

Raúl Hernández Correa

Cubano–americano

Cursó estudios en el Instituto Superior de Cultura Física "Manuel Fajardo", en la Ciudad de La Habana, Cuba.

Reside en Miami, donde se graduó en el año 2002 de Técnico en Rayos X en Advance Cience Inst. Y obtuvo diploma de Honor, fue el "Estudiante del Año".

Primeras obras literarias: Corazón de Poeta en el año 2011, Sueños de Poeta en el 2013, y Campeón de los mares en el 2015.

Ganador de Premios en certámenes nacionales e internacionales, de poesía y cuento. Ha participado en las antologías de: Luz del Corazón ELILUC de Mery Larrinúa, Editorial Entre Líneas que dirige Pedro Pablo Pérez Santiesteban, y La Sociedad de Poetas y Escritores de Azálea Carrillo.

Asiste al Club de Miami Atenea que dirige Orestes Pérez, a la Sociedad de Poetas y Escritores, a Luz del Corazón ELILUC. Y al "Club de Literatura" de Francisca Argüelles.

MI ÚNICO AMOR

Agobiada llegaba Beatriz a casa de su tía. Susana no dormía hasta que alrededor de las tres de la mañana llegara su sobrina. Pues Betty rara vez dejó de cargar buenos billetes en su cartera. Había trascurrido más de un año desde que la joven bailarina dejara Cuba, invitada a Miami por el "intercambio cultural''. Trabajaba en un famoso club nocturno de la ciudad. Aunque jamás fue molestada dentro ni fuera del mismo, en ocasiones presentía que alguien la seguía a distancia. En medio de este misterio, de su pena reprimida y de las trasnochadas; tía y sobrina vivían en perfecta armonía.

Betty era una escultural trigueña, de esas que por sus encantos nunca pasan inadvertidas; las líneas armoniosas de su rostro enmarcado por abundantes cejas y largas pestañas, le adornaban sus ojos negros dejando entrever un matiz de tristeza en la mirada, detalle que resaltaba aún más su exótica belleza, arrastrando tras ella pretendientes codiciados por otras mujeres. No obstante, nunca se le vio involucrada sentimentalmente, parecía haber venido con otros planes.

El dueño del club solía decir que todo el mundo tenía su precio, pero ella afirmaba que el suyo era la felicidad, solo que por ahora estaba lejana. La añoranza en vez de debilitarla la fortalecía, como si la sensualidad y el aplomo la vistiesen de esperanza. Pasaban los días con sus prósperas y seductoras noches, sin que asomara en sus labios la más sutil de las sonrisas. Hasta que en un claro atardecer un ser inesperado tocó a su puerta.

Susana solía repetirle antes de salir para el trabajo, que por ninguna razón les abriese su casa a desconocidos. Beatriz, miró por la vieja mirilla de la puerta y solo alcanzó ver una cabeza morena, rapada, con gafas oscuras. Por supuesto que ni preguntó quién era y se alejó de allí. El visitante, dispuesto a esperar, se sentó en los escalones del portal.

Betty, motivada por la curiosidad se acercó sigilosamente a la ventana del cuarto contiguo, tomando la cortina como parapeto, escudriñó a aquel personaje cuya figura le parecía tan familiar y comenzó a detallarla minuciosamente.

Se trataba de un hombre fornido, en jeans y camiseta deportiva. En su brazo derecho tenía un tatuaje y una horrible cicatriz a nivel del hombro. Ella profundizando su examen, al fin logró identificarlo. No lo podía creer… ¡Era Víctor! Su único novio, el cual había quedado preso en Cuba por golpear a un peligroso delincuente que se sobrepasó con ellos. Ese moreno la amaba tanto, que no solo arriesgó su vida en aquel momento, sino también en el mar al venir solo tras ella en una rústica balsa.

Betty ignoraba que su novio había sido herido tras su primer intento de fuga. Él quería despedirse de ella antes que partiera con el elenco de ballet. No se trataba simplemente de un enamorado, era mucho más que eso; era un ser valiente dispuesto a cumplir sus sueños a cualquier precio, un excelente profesor de artes marciales que además de intrépido era apuesto y varonil. Con razón dicen que detrás de un gran hombre existe una gran mujer y viceversa; en este caso, ellos se merecían.

Las piernas de Betty temblaban. La sorpresa la atolondró, simplemente no podía dar crédito a lo que veía. ¡Observaba al amor de su vida! Solo que él tenía una nueva apariencia, estaba sin pelo, tatuado y más fuerte que nunca.

Convencida que era su novio, corrió hasta la puerta abriendola rápidamente. Víctor al verla fue hacia ella y la estrechó entre sus brazos. Se besaron hasta las lágrimas, parecían dos locos; bueno, eran precisamente eso, dos locos, pero de amor.

Después, ella voluntariamente le desnudó su alma; contándole cuanta peripecia tuvo que enfrentar desde que pisó Miami. Luego fue por un pequeño portafolio y lo puso en las manos de Víctor. Este improvisado botín estaba atestado de billetes, los cuales representaban simbólicamente el esfuerzo y desafío de su lastimado pudor, todo aquel sacrificio ahora cobraba sentido.

Ambos se comprendieron sin cuestionar un por qué, cada esforzada palabra de Betty se hacía para él innecesaria, la conocía desde pequeña. Él supo desde el momento en que consintió su salida del país, el asedio que atraería su belleza; pero confiaba ciegamente en su amor. Solo que habían perdido comunicación debido a sus constantes traslados de cárceles, por intentos de fuga.

Beatriz finalmente pudo leer su tatuaje, eran cuatro palabras dibujadas: "Betty, mi único amor". Ella lo acarició tiernamente mientras le preguntaba por la herida del hombro, pero él le restó importancia, alegando que más le había dolido la del corazón cuando supo que ella bailaba semidesnuda para un club de caballeros.

Sucedió que... un buen amigo de Víctor la vio bailando desde la penumbra del bar, entonces él no volvió a entrar en aquel sitio, solo se dedicó desde lejos a custodiarla en su retorno a casa; sabía lo que significaba esa mujer para Víctor, por eso lo puso al corriente de todo, aclarándole cuanto sus ojos vieron.

La pareja, al cabo de tres semanas emprendió vuelo rumbo al norte del estado, y en una sencilla ceremonia se casaron meses después. Imaginen, ¿quién entregó a la novia en el altar? Sabemos por ese amigo centinela, que pudieron comprar un apartamento en las afueras de Ocala y que para completar sus sueños, Dios los premió con dos preciosas niñas. Por tanto, ellos cobijados por su amor, gracias al valor y la fe que se tuvieron, lograron pasar aquellas tristes páginas de su separación. Ahora, pasean felices por su nuevo barrio a Victoria y Salomé; sus verdaderos tesoros. Estas, quizás no lleguen a ser grandes bailarinas, pero sin dudas serán dos palomas dispuestas a volar por el amor de sus vidas.

Haydeé Izquierdo
Cubano–americana

Graduada de Laboratorio Clínico en la Universidad de La Habana, Cuba.

Pertenece a la Mesa Redonda Panamericana.

Asiste a La Sociedad de Poetas y Escritores, a las Tertulias de Xio, quien le realizó una entrevista en Urbana, la emisora radial, donde dejó constancia como poeta.

También asiste a las Peñas de Entre Líneas que dirige Pedro Pablo Pérez Santiesteban, y al "Club de Literatura" de Francisca Argüelles.

RENACER

Madre… después de tantos años
de estar sin tu presencia,
nos duele más la ausencia cada día
y siento que una cruel melancolía
desgarra mi alma y nubla mi existencia.

Hoy sin embargo pienso que ya el día
de volvernos a ver madre adorada,
se acerca como el ave a la enramada
y alegre canta con trinos de alegría.

No puedo ni pensar en ese encuentro,
aquella joven madre que dejé
maduró con los años y la ausencia
y tal vez una anciana encontraré.

¿Y qué verás tú en la hija tan amada
que salió de tu lado siendo niña
como sale la uva de la viña
y en vino se convierte macerada?

No pensemos en eso, que en tus brazos
¡Niña seré! Y a ti madre querida
te encontraré tan joven y lozana
que juntas reiremos a la vida.

UN BESO

Quiero saber: ¿qué es un beso?
Me pregunta un inconsciente y le respondo.
¿Un beso?... Un beso son dos rosas florecientes
que el aire junta temblando
cuando el viento suavemente
suspira en tibio lamento.
Un beso es el aletear de una blanca mariposa
si es un niño el que lo da,
es violeta, es azucena, nardo, jazmín y rosa...
Sabe mejor que el panal, donde la abeja se posa.
Es una concha de nácar que en la arena se recrea
tendida a orillas del mar, observa viento y marea,
ve salir el sol naciente, suspira al verlo ocultar,
se sonroja al ver la luna que nace en el occidente
si ese beso, limpio y puro, viene de un adolescente.
Es aletear de palomas, susurro de golondrinas,
repiquetear de campanas, canto alegre del jilguero
que entre las ramas responde.
Melodías de violines que surcan el horizonte,
aromas de trigo fresco que viene de los sembrados,
es el beso que en la boca, se dan los enamorados.
Si miramos a la luna y nos bañan sus reflejos,
si vemos un lago hermoso y nos parece un espejo,
si subimos una cumbre y nos sentimos osados,
es un beso que en penumbras,
se dan los recién casados.

Ver un ruiseñor que canta
y escuchar sus claros trinos,
ver un soñoliento lago que te parece dormido,
ver unos niños jugando en ángeles convertidos,
llegar cerca de un estanque y descansar del camino,
ese es el beso sincero y respetuoso de un amigo.
Como rojas amapolas que encuentras en los trigales
Y que tímidas se esconden
porque temen ser cegadas,
como una virgen henchida de emoción y de ternura,
como luz resplandeciente que asoma por la colina,
el beso que da una madre,
cuando a sus hijos se inclina.
Un río que en su remanso
cuidan las garzas sus nidos,
es un rosal sin espinas.
Un barco que en su vaivén mecen las olas calladas,
porque se sonríe un hada como si oyera un soneto.
Es el beso que el abuelo cariñoso da a su nieto.
Un brillante que el joyero engarza con todo amor,
un rayo de luz que el sol nos envía moribundo,
porque hay un beso fecundo
que aplaca todas las iras,
es el beso que el devoto al Cristo da en sus heridas.
¡Eso es un beso!

UN BESO PROHIBIDO

Hay un beso perdido entre los besos
me pides que describa su sonido
perdóname el olvido de ese beso
solamente por ser el prohibido.

Estruendo de volcán en erupción
lava ardiente que corre por las venas,
estrepitar de aguas tumultuosas,
leño verde que arde aún en la nieve.

Desborde de pasiones encontradas
que estremecen de amor al ser querido,
como ruge un león enfurecido
así es el eco del beso prohibido.

Mery Larrinua
Colombo—americana

Poeta y escritora. Graduada de Administración y Finanzas. Madre de dos hijos.

Participante en Encuentros y Congresos Literarios Internacionales.

Cuatro Libros publicados y varias Antologías Nacionales e Internacionales.

Libros:

1. Amor Eterno a través de las Dimensiones: Premio Segundo Lugar "Mejor Novela Romántica" en International Latino Book Awards, 2013.
2. 2012 Dos Frentes: Novela Ciencia—Ficción.
3. Biografía Jacinto Larrinua. Biografía de mis padres.
4. Cuentos que pudieran no serlo. Recopilación cuentos.
5. Poemario (en proyecto)

Ha recibido varias menciones y premios en Poemas y Cuentos.

Fundadora y directora de Encuentros Internacionales

Literarios Luz del Corazón–ELILUC.

Miembro:
- Miembro Academia Norteamericana de la Literatura Moderna
- Red Mundial de Escritores en Español–REMES
- Union Hispanomundial de escritores
- Poetas del mundo
- Sociedad Venezolana de Arte Internacional SVAI

- Sociedad de Poetas y Escritores de Miami
- Instituto de cultura peruana de Miami
- Club Cultural Atenea de Miami
- "Club de Literatura" de Francisca Argüelles
- Asociación de Poetas y Escritores Hispanos–Aipeh–Orlando

JURADO en los años 2013,2014 y 2015 de la National Association of Hispanic Publications José Martí Awards de los Estados Unidos.

JURADO Ejercicio Literario de la Sociedad de Poetas y Escritores.

JURADO en el Concurso de Poesía y Narrativa The Cove Rincon 2014

MI CUENTO

Era un concurso de micro relato, faltaban aproximadamente tres o cuatro días para el plazo de entrega y aún no me había decidido a escribir, era difícil y enviarlo más: − ¿Para qué?, ¿Quién lo iba a entender? − Me decía una y otra vez. − ¿Y si lo envío anónimo?

Un día más.

Me senté en aquel butacón ya viejo… y me dispuse a escribir "Mi cuento" que me sabía de memoria. Pasaron los minutos y las palabras venían rápidamente a mi mente, escribí… escribí… me sentí cansada, cerré mis ojos, dormí… soñé… me vi… ahí sentada, con la cabeza inclinada, con una hoja en la mano, un lápiz caído… mi cuento… ¡Oh mi cuento!… y ahora ¿Quién iba a enviarlo?

Murieron dos noches. El sol hizo que nacieran los días. Sirenas.

… "Tiene tres días de muerta y un cuento sin terminar".

Quise gritar: ¡Que alguien envíe Mi Cuento!

−Tal vez si le hubiera titulado "Para la eternidad"… y… es que, solo falta el "Fin".

¿PESADILLA O DESTINO?

Cerré los ojos. Era una noche terriblemente fría, entre matorrales, rocas de miles de años, tierra negra, sucia de dolor y grito. Seguí mi andar pesado, muy pesado, lento, la densa neblina cruel inundaba mis pulmones, hacía mí respirar difícil. Inútilmente mis ojos trataban de divisar vida, algún movimiento ajeno a mi cuerpo.

El frío comenzó a calar hasta mis huesos, comencé a oírlos titiritar; en cualquier momento alguno de ellos sucumbiría a semejante temblor y entonces caería de dolor. Ojalá mis tobillos y rodillas cedieran de último, pues quería avanzar, necesitaba llegar a aquella luz lejana lo antes posible... ¡Tenía que lograrlo!

—"¡Oh, como se oían los huesos en el silencio sepulcral de aquella noche!".
—Ya casi—pensé.

La neblina estaba más densa, apenas podía respirar, sentí mitigar mi tobillo izquierdo, mi rodilla... a rastras llegué, mas aquella brillante luz cegó mis retinas, cerré mis ojos. A los minutos, ya había desaparecido el inmenso esplendor, la neblina se había disipado... es cuando me doy cuenta, era el destino, allí estábamos los que comenzaron antes, los que comenzamos después, todos los huesos partidos, era el verdadero fin del camino. Dejé de respirar. Había llegado a mi destino.

Ana Kika López
Cubano–americana

Nació en el pueblecito azucarero, Chaparra, en la provincia de Oriente, Cuba. Se graduó con un doctorado en Filosofía y Letras en la Universidad de La Habana. Estudió pintura en la Escuela Nacional de Arte San Alejandro.

Escapó al exilio en 1964. A su llegada, se radicó en New Jersey donde obtuvo un grado de Master en *Rutgers University* de New Brunswick. Trabajó en el *Newark Museum* como diseñadora.

Años después, se estableció en Miami.

Ha publicado una obra familiar biográfica *"Nuestra familia"* (2002), y varias novelas más extensas: *"Tiempo Mágico"* (2005), *"Crónicas de un viaje a Cuba"* (2006), *"El Hermafrodita"* (2011), *"Escribiduras"* (2011), *"Un ángel chocó con la ventana"* (2013) y **"El ojo de la imaginación. Cuentos inesperados"** (2015)

EL SIGILOSO

Al fin llegó la noche tan amada. Un largo silencio de autos y bocinas, interrumpido a veces por la conversación de los trasnochados que, ya de madrugada, iban a comer una completa a la Plaza del Mercado, o se sentaban a cantar boleros desentonados en el muro del malecón. En la oscuridad no era necesario caminar escurrido, pegado a la pared para no ser notado y evadir las pedradas que le tiraban los muchachos crueles, ignorantes del respeto a la vida.

Fue directo al fondo del restaurante donde botaban las sobras de comida. Buscaba algún alimento: un pedazo de carne, un delicioso postrecillo de huevos con helado derretido o un pedazo de pan, cualquier cosa para calmar el gruñido de su estómago, y de paso, rellenar un poco su costillar huesudo.

La luz de la farola callejera alargó su sombra hasta hacerlo lucir enorme. Se sobresaltó y todavía más, al escuchar un grito raro, como si fuera un quejido amplificado. Siempre supo que no era valiente, se espantaba a la menor sospecha sobre su seguridad, en especial, al acercarse un perro, a los que detestaba por el afán que ponían en perseguirlo sin motivo aparente.

Agazapado detrás del estante de periódicos, reconoció al barbero quien, después del grito, había salido corriendo de la casa de Lolita... traía la camisa manchada de sangre... en la mano: una navaja... la tiró a la cuneta y, aguantándose el pecho, siguió de largo sin advertir su presencia.

La puerta de la vivienda estaba entreabierta y él se acercó despacio, con disimulo, como si no planeara las cosas. Se asomó. No se veía nada. Entró para curiosear según era su costumbre, subió las escaleras con la agilidad de una pantera; arriba alguien gemía, agrandó las pupilas para ver mejor en la negrura. Lolita en el suelo, lloraba sobre el cuerpo de su marido muerto o malamente herido, porque solo se movía cuando ella lo zarandeaba entre sollozos y le decía: "Él no es mi amante, estaba en la cama porque quería probar las almohadas, entiéndelo, no era para tanto, no tenías que pelear así, mira lo que te hizo, lo odio, no te mueras..." Vaya, cuánta tontería, pensó, y fue a la cocina a ver qué encontraba de comer. ¡No había ni platos sucios!

Salió a la calle nuevamente, y continuó con calma su recorrido hasta llegar a la alcantarilla. La navaja no se había caído adentro y permanecía, con el filo ensangrentado, reposando sobre la rejilla de metal al borde de la vía. Como no era comestible, siguió camino a la fritanga situada al lado del cine, con la esperanza de hallar, aunque fuera solamente un pedacito de morcilla aplastado en el pavimento. Tuvo suerte. En el piso encontró un delicioso chorizo y un pedazo casi entero de "perro caliente", naturalmente, frío a aquella hora. Fue un gran hallazgo porque ya tenía decidido comerse una ardilla con pellejo y todo. ¡Pero una rata colmilluda, jamás! Eran abundantes, pero muy agresivas y con el horrible sabor de toda la basura que comían.

A través del ramaje, una luna enorme proyectaba retazos de luz en el parque. Sobre un banco dormía La Condesa, sucia, harapienta, envuelta en una frazada llena de agujeros. Fue a restregarse con ella. Al principio le pareció que lo aceptaba pues hizo espacio entre sus brazos para recibirlo, pero cuando la rozó con su bigote, ella despertó súbitamente, lo empujó con rudeza tirándolo a un costado sin miramientos. Humillado por el rotundo e incomprensible rechazo, se alejó con disgusto.

El sueño empezó a acariciarle los ojos. Buscó un lugar donde acomodarse y terminó echándose debajo de la figura ecuestre del prócer, cuya regia estampa con la espada en alto y el caballo encabritado en dos patas, infundía patriotismo a los niños e irremediable atracción a las palomas.

Desde allí, acostado cuan largo era, percibió un perfume embriagador. No perdió ni un segundo, se puso de pie y rastreó como un mastín la huella de aquel aroma excitante que lo condujo hasta el puente. Allí estaba ella, cimbreante, arisca y sumisa al mismo tiempo. La rodeó varias veces, le susurró al oído su más dulce ronroneo, la mordió en el cuello antes de poseerla. Ella cantó el resto de la noche, largos gemidos de amor. Cuando llegaron otros galanes, él no quiso pelear. Estaba ya muy satisfecho.

Caminó lentamente, buscando donde refugiarse porque amanecía. La ciudad despertaba y la calle era territorio peligroso para un gato.

AMOR SECRETO

Me marcó el pueblo con su sello de alegría.
Acarició mi infancia el canto del sinsonte,
el azúcar de la caña,
los faroles del parque, los patines y la bicicleta.
Una tarde, te trajo el tren con un pitazo avizor.
No cupo todo el azul en mis pupilas:
cielo, mar y tus ojos de promesa presentida.
Dulce daño.
Negros desvelos.
Ansiedad reprimida.
Amor secreto.
Debajo del higuillo sembré ilusiones hasta llenarme
de tu imposible.
No sé cuándo me hice mujer,
tal vez nunca lo he sido por completo.
Quise guardar en mi alma los días del almendro,
esperar cada verano tu llegada peregrina
y refrescar en la playa
el inexplicable calor que me daba tu sonrisa.

Martín Roberto Miranda
Cubano—americano

Nació en la Prov. Matanzas, Ciudad de Cárdenas. Cuba. Se ganó el repudio de los simpatizantes del régimen castrista por copiar y repartir textos bíblicos. Debido a su actividad religiosa fue perseguido, separado de su trabajo y forzado a abandonar el país o exponerse a cuatro años de cárcel.

Llegó a USA con su esposa, y tres hijos menores de siete años de edad, radicándose en la ciudad de Norman, Estado de Oklahoma. Después se trasladó a Florida, y se estableció en Miami, donde se dedicó a visitar enfermos y necesitados, en hospitales, asilos de ancianos y casas privadas. Y lo sigue haciendo hasta el presente.

Martín es poeta, escribe reflexiones y frases de varios géneros incluyendo las humorísticas.

Su primera obra literaria, Frases Calladas, sale a la luz en el año 2013.

Participó en el libro: Cerca muy cerca, Homenaje a los niños de Fundación Magdalena, de Priscila De la Cruz, en el año 2015. Publicado por D'har Services Editorial Arte en Diseño Global.

FRASES CALLADAS

"Los cubanos no somos el ombligo del mundo pero podemos lijarlo".

"Los caminos son las venas de los pueblos".

"Admiro a las piedras, fuertes esqueletos de la tierra; y a las estrellas, plateadas uñas del cielo".

"Los comunistas aunque son incrédulos hacen milagros, porque no necesitan ni un gotero con agua para que sean unos aguafiestas".

"Lleva voz de sangre la mímica del sordomudo. Honrémosla".

"Señor, dame de ti porque muero de mí".

"Señor... son muchos mis pedazos vacíos, recógelos; trae tus dos manos".

"En extranjero sentimiento de Dios pululan conceptos doctrinales".

TUTO, CHICHO Y TATA

De un árbol que parecía protegido del cielo acepté un pichón que había quedado huérfano. Creí necesario llevarlo por un camino solitario que hiciera posible mitigar su período de luto, y a la vez dejar atrás la ciudad en que residen los victimarios de su madre.

Transcurrieron algunos días. Creció mi barba; en ella Tutu se acomodó cual si fuera su nido, de manera que me era fácil aconsejarlo en voz baja. Por la noche le enseñaba entre otras cosas, la importancia de la meditación, a la que él era bien receptivo, lo cual me estimuló a seguir ayudándolo.

Le propuse tratar dos temas: el agradecimiento y el perdón. En la primera clase, le di las gracias por limpiar las cutículas de mis uñas, y también todas las partículas que se me habían acumulado en cada pieza bucal. Tutu solo pudo asentir, ya que un ataque de risa lo interrumpió. Luego logró decirme "Aún sin alas, he podido sobrevivir gracias a tu cansado cuerpo, pues ha sido el jardín por donde he caminado, y que procurándome alimento mi nido, sigue siendo tu cara". Por esas palabras comprendí que Tutu era agradecido, de manera que no tenía sentido invertir más tiempo en esa clase.

Para la segunda clase preparé un examen acerca del perdón. Lamentablemente, Tutu no lo aprobó. Él quedó resentido contra aquel matrimonio del cual la mujer, encinta, disparó matando a su madre cuando ésta volaba hacia su nido. Tutu solo repetía "Este espacio bajo el cielo no es para todos, no lo es". Tutu muy enojado, dormido se quedó en otro nido, que durante el viaje construí en el bolsillo de mi camisa, usando nada más que la mitad de mi barba. Aproveché ese tiempo de silencio para meditar. Me preocupaba mucho el rencor de mi mascota. Así que él tendría que asistir a la escuela de verano para aprobar la indispensable asignatura.

A las tres de la tarde despertó. No se comunicaba conmigo. Tutu era algo introvertido, por ello me era difícil saber si persistía su enojo a causa de la triste pérdida de su madre, o si era que estaba meditando. De cualquier manera tenía mi respeto.

Pasaron algunas semanas, y comenzó el verano. Mi pecho empezó a sudar por causa del nido de mi mascota. Además me ardía mucho, sus uñas habían crecido y me provocaron fisuras que sangraban. Él nunca lo supo, no quise preocuparlo.

Evidentemente, llegó el tiempo de las clases y evité hacerle preguntas que contemplaran el difícil tema del perdón. Traté de hacerlo pensar con respecto a la culpa. Y le dije:

—Tutu, ponte de pie para que respondas. — ¿Por qué dejaste afuera este bolsillo de mi camisa y cambias tres veces al día la mitad de mi barba?

Él me respondió "Lo hice porque la estoy usando para atrapar medianos arácnidos que son mi alimento, y los tres cambios son; desayuno, almuerzo y comida". Tutu, —dije— aprecio mucho tu sinceridad, aunque la respuesta no me satisfaga. Ahora pasemos a la segunda pregunta:

—¿Sabes que esos arácnidos ya tienen crías, que sin tener quien le rescate mueren porque tú te comes a sus padres? ¿Te gustaría que si alguno de ellos lograra sobrevivir te guardara rencor?

¿Crees que es justo mantenerte vivo a costa de la muerte de otros?

Me explicó "Eso es para que exista un balance en el reino animal. Además profesor, no olvidemos la supervivencia del más apto".

—Tutu, de nuevo te doy gracias. Sin embargo, noto que tienes largas respuestas, en cambio las mías son cortas, y quiero que en esta última pregunta logres sintetizarlas. ¿Te consideras más apto que el matrimonio que dio muerte a tu mamá ignorando que tú estabas en su nido?

Tutu me interrumpió "Permiso profesor, creo que es hora de un receso". Y por vez primera Tutu levantó vuelo. No pude entregarle sus notas ese día, así que las archivé. Y más tarde me venció el sueño.

Cuando amaneció me faltaba la barba, mi mascota la rasuró. Él me dio los buenos días, compartió conmigo noticias del barrio, algunas buenas y otras menos buenas. Me contó que se posó en un árbol enfrente de la casa del matrimonio con el que él estaba enojado. Reunió allí a varias aves, les pidió que no defecaran más sobre las monturas de los ponys que se encontraban en el patio, ni en las barandas del portal, porque la señora tenía dos hijos gemelos, uno mudo y otro ciego que demandaban mucho de su tiempo.

La madre de los niños partió una guayaba y le dio a comer a Tutu. Por primera vez Tutu, decidió no alimentarse más de arácnidos. Yo saqué del archivo su expediente y lo califiqué con una A. Él se alegró mucho y me pidió continuar las clases. Quería tener un diploma que lo hiciera mejor criatura. Yo le dije:

—Un diploma no tiene ese poder. No olvides que "se hace camino al andar".

Esa mañana llovía muy fuerte, Tutu no pudo levantar el vuelo. Cuando al fin escampó, él regresó al barrio. Llegó al portal de los gemelos, notó que Chicho tenía una cadenita en el cuello, de ella colgaba el casquillo de la bala que dio muerte a su mamá mientras él yacía en el nido. El cieguito la usaba como instrumento musical, logrando un sonido de flauta. Volteó Tutu su cabeza, se le escaparon dos lágrimas. Era evidente su madurez.

También por aquellos días llegaba otro cambio de estación. Tutu se despidió de mí por algunas semanas. Lo eché de menos, me era grata su amistad.

Al fin regresó con nuevas experiencias. Se notaba su alegría. Me contó que tenía un nuevo plumaje y le había regalado sus primeras plumas al mudito Tata. Este le escribió una nota diciendo que con ellas iba a entretenerse decorando a los dos ponys, y todos pasearían por el vecindario. Le dije:

—Tutu, me es difícil creer que no puedas aprobar el curso siendo tan generoso y comprensivo. Faltan días para que acabe el año, y las pruebas suelen ser más difíciles.

Tutu levantó el vuelo otra vez. Llegó a casa de los gemelos, notó que hacían preparativos para sus cumpleaños, y él preguntó en qué podía ayudarlos. Ellos sacaron del corral a Paco el padre de los ponys. Le pidieron a Tutu que lo guiara por aquel camino solitario, para que el día del cumpleaños Tutu pudiera regresar a la ciudad montado en el pony padre.

Y así lo hizo. Llegaron allá, la señora le mostró a Tutu un enorme bosque por el que no pasaba ave alguna, incontaminado y lleno de animalitos, incluso de arácnidos. Allí, bajo un cielo que es para todos, jamás penetraría la pólvora. A la entrada un rótulo decía: "Esto es para ti pajarito lindo amigo de mis hijos".

Se dispusieron Tutu, Chicho y Tata, a iniciar la fiesta. Tata se moría de la risa al ver lo cómico que Tutu danzaba al ritmo del casquillo de bala que Chicho tocaba.

Yo le entregué el diploma de graduación a Tutu. Lo besé y le pedí que anunciara en todo el barrio que me había hecho a mí una mejor persona.

María Teresa Mora
Cubano–americana

Graduada de Piano, Teoría y Solfeo de la Música en el Conservatorio Rafolf, y Licenciada en Geografía del Instituto Superior Pedagógico José Martí de la Ciudad de Camagüey, su ciudad natal. Cuba. Desde pequeña mostró preferencia por las Letras.

Fue miembro de talleres de Literatura en los Municipios de Minas y Camagüey hasta 1995. Primer Lugar Provincial de Camagüey, en la categoría de Décima. Participó en la Antología del Arte Volumen I de la Sociedad de Poetas y Escritores.

Poeta Destacada, en el Concurso Internacional de poesías de Lincoln–Martí, 2011. Miembro del "Club de Literatura" de Francisca Argüelles. Donde participó en la Antología del Club El Espacio Infinito del Cuento en el año 2014.

Colaboró en el año 2015 con la señora Priscila De la Cruz, en su libro: Cerca muy cerca, Homenaje a los niños de Fundación, Magdalena, Colombia. Publicado por D'har Services Editorial Arte en Diseño Global.

LA VERDAD

Como todas las mañanas, la señora Elvira, pasaba por la panadería y compraba el pan cubano calientico, por estar recién horneado. Disfrutaba a plenitud esta salida matinal con sus ochenta años cumplidos. Caminaba libremente con el placer de ver salir el sol cada día, iluminando el cielo y las flores. En su recorrido, saludaba a los vecinos del barrio. Nació y ha vivido siempre en el pueblo de Jagua, provincia Habana, y conoce a la mayoría de sus habitantes.

Cuando regresaba a su casa, vio que por la acera avanzaba hacia ella un hombre de unos cincuenta años que llevaba una maleta de viaje en la mano. Él miraba con interés la numeración de las casas. Elvira palideció al ver al hombre de cerca, se apoyó en la pared de una casa y exclamó:

–Dios mío, has escuchado mis ruegos.

Y se dirigió al hombre gritando:

–Mario, hijo mío, ¿cómo es posible que no me reconozcas?

—Señora, ¿qué le sucede? Usted me ha confundido con otra persona.

—No, no estoy confundida, nunca he perdido la esperanza de tenerte de regreso en casa. Hijo mío, cómo no te voy a conocer. Virgencita, gracias por haberlo amparado de la muerte en la guerra.

—Cálmese señora, no soy su hijo, nunca he estado en este pueblo y mucho menos en la guerra.

A los gritos de Elvira, acudieron algunos vecinos a la insólita escena, a los que el desconocido explicó que al parecer Elvira lo había confundido con un hijo que había muerto en la guerra. Mostró sus documentos de identidad, explicando que ha vivido siempre en La Ciudad de La Habana, que su mamá falleció, y que vino al pueblo de Jagua a visitar a su tía María López. Ante las pruebas aportadas por el visitante, los vecinos lo llevaron a la casa de María López. Otros vecinos acompañaron a la atribulada Elvira hasta su casa, mientras le explicaban que aunque había un extraordinario parecido entre Mario su hijo fallecido, y el visitante, no eran la misma persona.

La sorpresiva visita y conocer del dramático encuentro entre su sobrino y Elvira, alteró tanto a María López que esa misma mañana falleció de un paro cardíaco.

Elvira nunca comprendió porqué razón su amiga María López, no le contó que tenía un sobrino. Al parecer la mudanza sorpresiva de su hermana a La Ciudad de La Habana, hace unos cincuenta años fue favorable para que lograra tener el hijo que tanto anhelaba. Nunca más regresó al pueblo.

Elvira, atormentada recuerda el día que nació su hijo Mario. Ella tuvo la impresión que habían nacido dos varones gemelos, hecho que siempre negó la partera que la atendió en su casa y su amiga María López, que también estuvo en el difícil parto, en el que Elvira casi pierde la vida.

Si en aquella época hubiera existido la prueba de A.D.N. se hubiera conocido la verdad.

LA HORMIGA LABORIOSA

Una hormiga recorría afanosa su entorno en busca de alimento.

Descubrió un terrón de azúcar, lo exploró ansiosa para llevarlo a su almacén, pero era tan grande que no podía moverlo.

–¿Qué hacer? se preguntaba.

Después de reflexionar un rato se respondió.

– Buscaré ayuda en el hormiguero!

Regresó rápidamente con otras de su misma especie y entre todas depositaron el preciado alimento en su almacén colectivo.

La hormiga reina, muy contenta, excitada por el triunfo obtenido proclamó a sus súbditos:

–Hemos comprobado una vez más que "Solo unidos en una meta, se triunfa en este planeta"

Jose Marcos de Oliveira
Brasilero–americano

Escritor, poeta y conferencista.

De sus libros publicados en Brasil, dos están en lengua hispana: 'Mis Cinco Sentidos', y 'Mis Cinco Sentidos y Mi Intuición'. Están en Amazon.

Sus trabajos son siempre llevados al público por importantes periódicos brasileños y por revistas de clubs culturales y organizaciones internacionales.

Asiste al "Club de Literatura" de Francisca Argüelles.

Vive en Estados Unidos, Sunrise, Florida.

AMARILLO

Cansado de la gran ciudad, el padre de Angie decidió ir a vivir a otro departamento. Como abogado y comerciante de obras de arte, tenía un buen nivel de vida, pero quería proporcionarse a sí mismo y a su familia, un ambiente menos estresante. Bajo la orientación de un amigo, compró un terreno en el área rural, adquirió algunas cabezas de ganado y plantó semillas de girasoles en un perímetro relativamente grande, próximo a la carretera. Con 14 años, Angie, la mayor de las tres hermanas, inició una nueva vida, distante de los amigos y en un ambiente diferente al que estaba acostumbrada.

En la capital, debido a la actividad del padre, ella participaba en reuniones de artistas, pintores, cantantes y escritores. Iba a espectáculos de teatro y óperas, y disfrutaba comentar con jóvenes y adultos las maravillas que presenciaba. Siempre escuchaba a su padre decir que se debían educar ojos y oídos desde temprano. Estaba sedienta de conocimientos y por eso tenía el apodo de "ángel", iba atrás de todo lo que significase cultura. En aquella nueva ciudad, a pesar de que en su casa continuaban recibiendo a amantes de las artes, no había el esplendor y la majestuosidad que ofrecían cuando residían en la capital y eso, de cierta manera, impactó a aquella adolescente.

Al pasar del tiempo, la plantación de girasoles fue creciendo. El radiante amarillo de la flor, como investigara Angie, era el resultado de la sobre posición del verde y rojo. Supo también que el pintor Vincent Van Gogh lo plasmó con mucha maestría en diversos cuadros. Que el nombre de esa planta se originó del hecho de que su flor permanece dirigida hacia el sol, del oriente a occidente, mientras la Tierra se desplaza, lo que también es conocido como "heliotropismo". Sus largos tallos pueden alcanzar hasta 3 metros de altura, y de sus semillas se extrae un aceite comestible. Podían también servir de alternativa como alimento para el ganado, lo que era beneficioso para el padre de Angie que nutria con ellas su rebaño. La planta sirve como ornamento y el propietario la regalaba a quien lo solicitara. Muchos quedaban contentos, pues además de servir como decoración, el girasol era comprendido como representación de fama, suerte y felicidad. Es considerado por muchos como símbolo del Nuevo Milenio y, por lo tanto, decoraban gustosamente las salas de las residencias y las oficinas.

Poco a poco, Angie fue adaptándose al nuevo esquema de vida, asimilando cada vez más las costumbres campesinas. Hizo un curso de Agronomía en la Universidad ubicada en una ciudad cercana. Empezó a conocer y hacerse cargo de casi todos los negocios del padre.

Algunos años más tarde, en una mañana soleada de primavera, y bajo la incipiente brisa que movía delicadamente los tallos de los girasoles, Michael observó la plantación amarilla que estaba buscando. Empresario joven, graduado en Botánica y Biología, con residencia en la capital, estaba interesado en desarrollar proyectos de sustentabilidad ambiental. Había oído hablar de un campo de girasoles en el interior, y se interesó en conocerlo para intentar hacer realidad sus planes. Con el carro andando despacito en la carretera y admirando la belleza a su alrededor, vislumbró de repente que una figura humana emergía lentamente de la plantación. Era una joven, de camiseta verde que dejaba expuestos su cuello y brazos bronceados. Tenía anteojos oscuros, y sostenía en la mano izquierda un girasol, que parecía ser el más grande de todos los que él había visto. Intuitivamente salió del carro y se dirigió a ella.

–¡Buenos días! Busco al dueño de esa plantación. ¿Podrías decirme cómo encontrarlo?

–Hola. Claro, es de mi padre la plantación. Dijo ella, entregándole espontáneamente el girasol.

–Es hermoso… especialmente viniendo de ti.

Dijo él y ofreció llevarla en su carro. Subió Angie, y observó bien a Michael; usaba anteojos oscuros, camiseta amarilla y pantalón verde claro. Tenía, además, una sonrisa franca y era muy locuaz. Cuando ella se quitó sus gafas, él también notó que ella tenía unos ojos grandes, profundos y negros como el núcleo de un girasol…

Después que el joven expuso al propietario sus ideas, llegaron a un acuerdo preliminar para la comercialización de las flores amarillas. Angie fue parte importante de la transacción, dado que dominaba todos los procedimientos administrativos y financieros, teniendo en cuenta que su padre tenía ya problemas de salud que lo obligaron a visitar clínicas de la capital buscando su recuperación. Posteriormente ella tuvo que ir muchas veces a la capital para conocer la empresa que Michael estaba montando para comercializar el aceite y otros derivados del girasol.

Debido a ese acercamiento, nació el amor entre los dos y pronto decidieron casarse. Fue un período diferente y de mucha intensidad. En una ocasión ella compuso un poema dedicado a él:

"El amor es mortal, puesto que es llama

Pero que sea infinito mientras dure".

Entonces Michael le confesó que antes de conocerla, con frecuencia observaba la noche desde el interior de su carro. Que en aquella inmensidad oscura solía ver dos estrellas: una grande y otra pequeña. Pensaba que la grande podía personificarlo a él, mientras que la segunda sería su futura mujer. En aquella ocasión, él identificó esa estrella pequeña con la letra 'A' de Amor. Que iba a ser más tarde la letra "A" de Angie.

Lamentablemente el padre de Angie falleció en el período en que el negocio ya obtenía ganancias, con incremento de clientes y proveedores. Michael y Angie acordaron entonces la fecha de su boda. Para la misma, la iglesia decorada de amarillo denotaba el suceso y la felicidad que compartían.

Lo más importante era que reflejaba la continuidad que el amor proporciona, durando hacia el infinito, como decía el poema de Angie a Michael.

Héctor Pérez
Cubano–americano

Nació en La Habana, Cuba. A los dieciséis años aprendió inglés, para servir de intérprete a turistas. Al mismo tiempo trabajó como detective privado, en una agencia.

Escribe cuentos, relatos y chistes que le recuerda los años felices que pasó en su país natal.

La llegada de la revolución Castrista lo obliga a inmigrar a los Estados Unidos, donde vive desde hace cincuenta años. Su pasión por escribir llega en su madurez. Su primera obra; "La siesta del Pillo" son relatos de la época más próspera de la isla. Nos muestra a una Cuba gloriosa, desconocida por la nueva generación.

Participa en el "Club de Literatura" de Francisca Argüelles.

SIN TIEMPO PARA LLORAR

Visitaba a un amigo en la cárcel cuando se acerca un penado. Sin decir palabra pone en mis manos una bolsa de tienda; se coloca en posición de atención; hace el saludo militar. Choca los talones; da media vuelta y se retira. Como si inspeccionara un regimiento, con las manos sujetas en la espalda, camina entre los presos y familiares, que lo observan alejarse hasta el final del patio, y perderse detrás de la reja de hierro.

Miré varios cuadernos dentro de la bolsa, y oí decir a mi amigo: —Es mi culpa, porque dije que tú eras escritor, "El Loquillo" es buena gente ayúdalo. El recluso sentado delante de mí repite lo mismo: —"El Loquillo" es buena gente, ayúdalo.

Diez años tratando de escribir una novela y ahora me encuentro que soy un escritor. Me da por reír, miro a mí alrededor y veo que los presos no dejaban de observarme como si yo fuera todo un personaje.

Tres cuadernos a rayas, cortados a la medida de un libro, forrado con una cartulina azul; en letras góticas: "Sin Tiempo para Llorar". Aquellos cuadernos no se diferenciaban de un libro impreso. Lo único que sobra en la cárcel es tiempo, y él lo había usado con gran pasión. Es un simple diario, diría cualquiera, sin embargo para mí eran tres piezas delicadas de arte.

Páginas y páginas escritas de un tirón, sin puntos, ni comas, ni acentos, y sólo su condición de recluso me hizo seguir leyendo. Los codazos de la gente que subían y bajaban del ómnibus, el tipo con un olor horrible, vino a pararse a mi lado; y la mujer que se alejaba de mí como si fuese yo el mal oliente, me hicieron cerrar los cuadernos.

Tan pronto llegué a mi habitación volví a ellos. No existía la secuencia, algunos personajes aparecían como fantasmas, y me daba por pensar; ¿De dónde salió este? Pero más adelante reaparecía totalmente caracterizado. Decidí reescribir algunos capítulos y mostrárselos. Pero pensé:

—¿Qué pasa, si los personajes toman otro rumbo bajo mi pluma? ¿Si los cambios que hago son demasiado drásticos? ¿Si no me gusta el final? Todas esas interrogantes evitaron que continuara leyendo. ¿Por qué no decirle entonces la verdad? Soy igual que tú. Un soñador tratando de aprender a escribir. No soy un escritor como te informó mi amigo. Luego pensé; eso sería defraudarlo. Mejor decirle que copiara una por una las páginas de una novela con todos sus puntos, todas sus comas, y cada uno de los signos. Consejo que leí en una revista de escritores, y que consideré sabio.

Tenía ese día una cita con una muchacha que me había costado un millón de mentiras conquistarla. Ensimismado en la lectura no asistí.

Varios días después le comenté a un estudiante de periodismo acerca de los cuadernos y emocionado por tener en sus manos la confesión de un criminal (como enseguida clasificó al "Loquillo"), prometió llevarlos a su profesor. Cuando vio que eran historias mal enlazadas, y atiborrada de errores se le fueron las ganas.

Esto me afectó, y poco a poco fui perdiendo interés en la lectura. Creí que haber faltado a la promesa que hice a mi amigo, era el motivo de tener los cuadernos en la mesa de noche y de vez en cuando le echaba un vistazo.

Una semana después mi amigo me contó en una carta que habían llevado al "Loquillo" al hospital de "Las Ánimas". En aquel tiempo alquilé una habitación en la avenida de Carlos III y leí la carta en la azotea del edificio, donde veía las torres de la cárcel. De pronto recordé al "Loquillo". Flacucho, tostado por el sol, como aquel muchacho en la prisión de menores que apodábamos *Gun Ga Din*. Era notable en él, la actitud determinante, caminar con la frente alta, la mirada fija, y pensé que el apodo no le venía mal.

— ¿Cómo se llama? ¿Y cuándo lo trajeron?

Inquirió la enfermera mirándome de soslayo. Era de esas personas que tienen la potestad de atender varios asuntos a la vez, y mientras escuchaba el teléfono que sostenía ante los labios con la ayuda del hombro, no quitaba la vista de la máquina de escribir.

—Lo trajeron del Príncipe hace unos días, me contó mi amigo en una carta.

—¡Del Príncipe! El Príncipe... creo que lo recibí yo, hace cuatro o cinco noches... ¿Y tú no sabes cómo se llama?

—La verdad que no. Lo conocí la semana pasada cuando visitaba a mi amigo.

—¿El que buscas es un muchacho flaco de tu estatura y de tu edad? Tiene una enfermedad contagiosa y por ahora no tiene visita.

Dijo, sin dejar de escribir.

De regreso a mi habitación volví a los cuadernos. Me sorprendió que el estilo variara. Las frases iban siendo más claras, menos redundancia. Aunque me veía obligado a leer y releer; quizás por mi ignorancia, esto también me sucedía con los escritores clásicos.

Mal enlazadas, llenas de errores gramaticales, pero eran tantas y tan diferentes historias, que llegaron a despertar mi interés. Ese día planeaba reconquistar aquella muchacha que trabajaba en la tienda "El Encanto", la misma que me había costado un millón de mentiras seducirla, pero, como no sabía dónde encontrar más mentiras, me dirigí al hospital.

—Vengo a ver un muchacho que trajeron de la prisión del Príncipe hace unos días.

—Nombre y apellido, —responde la enfermera con suma cortesía.

Ella, es tan joven, que luce más bien una estudiante; el pelo recogido hacia atrás con un gancho en la nuca deja ver un rostro hermoso, que acrecienta su belleza con una sonrisa jovial.

— Sólo sé que lo trajeron con una enfermedad contagiosa. —me concreté a decir.

— ¿No sabes el nombre, ni el apellido? —preguntó, mientras organizaba algunos papeles.

— No señorita.

— ¿No es un familiar suyo?

— ¡No, no, es sólo un amigo!

— ¡Amigo! ¡Y ni siquiera sabes cómo se llama!

Intentó ver mi reacción, pero bajé la cabeza. De repente se perdió la sonrisa de sus labios, el tono de su voz me sonó agrio y el brillo de sus ojos se apagó.

La seguí al final de la sala; esperó estuviera a su lado para correr una cortina blanca.

— ¿Si buscas por el que trajeron de la cárcel?... Murió esta madrugada. Dijo con la cabeza gacha, como el que siente el dolor ajeno.

Mientras observaba la cama vacía, las lágrimas corrieron por mi rostro. Caminé cabizbajo hacia la salida. Ella se adelantó y abrió la puerta.

Me volví para darle las gracias, y una lágrima bajaba lentamente por su mejilla; sus ojos claros como los míos, eran ahora más dulces y más tiernos todavía.

Irma Vivian Pérez
Cubano–americana

En Cuba cursó estudios superiores en la escuela "Máximo Gorki" en La Ciudad de la Habana.

Reside en Miami. Es miembro del "Club de Literatura" de Francisca Arguelles, y ha participado en las antologías del grupo: Un Horizonte Literario, 2010. Navegante de Palabras, 2012. El Espacio Infinito del Cuento, 2014. Publicados por la D'Har Services Editorial Arte en Diseño Global.

Obtuvo "Mención de Honor" con el cuento "Ironías de Guerra" en el XIII Concurso Internacional de Cuento "Ilusión". Forma parte de la antología del Concurso "Lincoln Martí", año 2010. Recibió Mención en el concurso de cuento, de la Casa de la Cultura Peruana 2012.

Obtuvo el tercer puesto en el Concurso Latinoamericano de cuento corto 2014, otorgado por D'Har Services Editorial Arte en Diseño Global.

Colaboró en el libro de la señora Priscila De la Cruz; Cerca muy Cerca, Homenaje a los niños de Fundación, Magdalena, Colombia, año 2015. Publicado por D'har Services Editorial Arte en Diseño Global.

También en el 2015, forma parte del libro "Si te contara…" editado por Publicaciones Entre Líneas, de Pedro Pablo Pérez Santiesteban.

AMOR SIN FRONTERAS

Julián estaba sentado en el mismo sitio desde hacía una hora, mirándola sin pestañear. Susana fue hacia la puerta, alguien tocaba. Ambos se miraron y ella dijo:

"¡Adelante!" Pero nadie respondió.

Susana, la asistenta de enfermera, siguió atareada en los quehaceres de la habitación. Al rato se sintió el ruido característico de una puerta que se abre y cierra detrás de ellos.

La muchacha siguió tendiendo la cama con parsimonia mientras Julián se entretenía observando un rayo de sol cálido penetrar por la ventana, dando más claridad a la habitación. Cuando ella terminó su labor, salió de la habitación cerrando la puerta tras de sí, dejándolo solo con sus cavilaciones.

Así continúo el día hasta que oscureció y Julián se levantó, fue al baño, se cambió de ropa acostándose en su recién tendida cama, pero no pudo quedarse dormido. Acomodó de nuevo la almohada, tapándose hasta el cuello y se viró del lado izquierdo, entregándose al sueño que no llegaba.

La noche siguió avanzando y Julián no conseguía conciliar el sueño. De pronto vio un resplandor que se colaba por la ventana abierta de la habitación, se tapó los oídos con la almohada y cerró con fuerza los ojos.

Comenzó a sentir que alguien acariciaba sus manos huesudas. Se estremeció. Hacia tanto tiempo que no recibía una caricia que sus ojos se inundaron de lágrimas. Estas fueron subiendo hacia su rostro, el cuello y por debajo del pelo, envolviéndolo en un éxtasis incomprensible de emociones muy lejanas. Sintió como la piel se le erizaba y la sangre corría veloz por sus venas.

La droga de la caricia fue haciendo efecto en él, mucho más cuando unos labios tocaron su frente dejándole un líquido pegajoso y suave. Llegado a este punto, Julián abrió los ojos y se quedó paralizado.

"Estoy alucinando", pensó, "no es verdad lo que siento."

Escuchó una voz conocida cuando le dijo:

"Tranquilízate viejo, soy tu María, te dije que no te dejaría solo. Los muchachos te han abandonado, pero yo siempre estaré contigo".

Cincuenta años de matrimonio no se borrarían fácilmente de su mente.

El reaccionó y con tristeza sonrió lleno de asombro, comprendiendo que desde el más allá, su adorada esposa lo acompañaría en este humilde asilo geriátrico.

EL BESO

Todos los días al amanecer me besaba en ese lugarcito recóndito donde se guarda mi lunarcito pequeño, diminuto, oscuro...

En las tardes sus besos me emocionaban. Hacía aletear animado mi corazón tan pronto él los depositaba en mis mejillas sonrosadas.

Ante la insistencia de sus besos a cualquier hora y sin preámbulo besaba mi cuello. En esas ocasiones no hablábamos, aquellos besos delataban su ternura. Siempre sus besos, aún en medio de los míos. Cada uno de ellos una flor abierta al amor, una sonrisa estremecida, un fulgurar de olores a hembra y macho, un sensor que sólo era disparado con sus besos, pequeños placeres que disfrutábamos juntos. Le servía el café y más besos, siempre besos.

Un día el viento cambió, el juego fausto desapareció, tal como vino sin dejar señas, más que el recuerdo perverso de su paso. Anoche la noticia me impactó y he corrido al amanecer a su encuentro. Me paro en la puerta de su habitación. Hace señas que entre y me acerco a su cama. Está jadeando y clava su mirada en mí.

Toma mis manos y las lleva a sus labios reteniéndolas con parsimonia, como si no fuera a irse ya, deposita su beso en ellas. El beso que no olvidaré.

Isabel Riverón Blanca
Cubano–americano

Nació en Banes, Oriente, Cuba. Amante del arte desde muy pequeña. Autodidacta. Su obra, mayormente poesía, estuvo salvajemente inédita «según sus palabras».

Reside en Miami desde 1968.

Pertenece al "Club de Literatura" de Francisca Argüelles, donde participó en las antologías "Navegantes de Palabras" 2012. "El Espacio Infinito del Cuento" 2014. Publicado por D'har Services Editorial Arte en Diseño Global.

Colaboró en el año 2015 con la señora Priscila De la Cruz, en su libro: Cerca muy Cerca. Homenaje a los niños de Fundación, Magdalena, Colombia. Editado por D'har Services Editorial Arte en Diseño Global.

SOY

No me busques en las letras
ellas nombran
lo que de mí
no se entiende
lo que yo tampoco sé
soy gaviota
que perdió su vuelo,
y no sabe donde está
soy, eslabón de un sueño
que no engrana,
electrón que vaga...
el suspiro que se esparce...
un árbol que su sombra acortan
la raíz que un huracán remueve
y aferrada se agarra
para no perecer
eso... soy

LENTAMENTE AGONIZANDO

La rutina mata la indiferencia.

A su lado va poniendo crespones de cintas grises que aprietan, van ahogando, asfixian, mientras... tranquila sin hacer nada, solo observo y camino buscando en las madrugadas cuando el silencio me habita, y dentro de mí habla las cosas que a veces no quiero escuchar y es entonces que voy desfallecida, sin lograr salvar el sentimiento que aún preservo muy dentro, en mi corazón, y busco palabras sin definir el gritar lo que aquí siento. Y por la senda camino sin quejas, solo asimilo el amor que llevo dentro ¡Qué pena! no me entienden ¡Qué pena que así me pierda!

Sin saberlo, corro al amparo del poema que me llama, abrazada voy, sin límites de tiempo y me baño en esperanzas de estrellas que iluminen entonces mi existir.

UN AVISPERO HA LACERADO...

Un avispero ha lacerado en aguijones mi piel de memorias... Y por ello, de nuevo abiertas están las heridas, y aquellas cicatrices surgen en sangre del pasado unidas en hemorragias de recuerdos audaces. Brotan, mientras... postrada aniquilada estoy en el laberinto absurdo del cotidiano vivir. Ese camino insípido, esa marcha por donde todos van y que yo me niego rebelde a seguir.

Me abro entre abrojos y trampas un sendero de luz que no entienden, me escondo vibrante de sueños, me tapo con mi almohada de nubes, cierro los ojos... y vuelo... escapo del laberinto de la angustia viva y me abstraigo.

Una y otra vez, así... ¿Vivo?

MI AMOR ESTÁ CASADO

Mi amor está casado
con el tiempo
vive en él
es verbo que solo
conjuga presente
vivo
es ilusión perpetua
perenne
es luz
no lo aniquila el espanto
ni la espera
no hay desengaño
no hay mentiras
es presencia fija
inmutable
no hay razones
es amor
mi amor
está casado
con el tiempo

SOY UN COMPENDIO

Soy un compendio
de todo lo vivido
etapas de mis ayeres
que en mirada se asoman

Soy un árbol legendario
ofreciendo en sus ramas
un abrazo en su sombra

Soy un ser frágil
de emoción ligera
que acumula en sus pupilas
cobijadas en el alma
los dulces cantos de cuna
que mi madre me arrulló

Así llevo aferrada a mis raíces
el amor que mis padres me brindaron
soy amante de las palmas, de las piedras,
del buen vino, de la noche,
de la bohemia que hay en mí
de los mangos, del café adicta soy
de la música, de los pájaros,

perros, mares y sol y
de las letras que me animan
inepta al fracaso soy
por estos caminos voy
de esta vida que me queda
tenazmente creyendo en el Amor
en la Fe, en la bondad,
soy la mujer que se abate
entre tinieblas y soles
de la verdad luchadora,
de la mentira enemiga,
desprecio la Mediocridad,
la hipocresía detesto
y un árbol de letras quiero
plantar, antes que muera
doy, la madre que acuna en su vida
la primogénita hija
que adora y bendice
cada día su existir
y en el amor soy...
esclava de quimeras
que el tiempo no alcanza
con alas doradas sueños de hadas
nada más... Eso soy

ERES TÚ

Eres tú
que iluminas
arrullándome en el dulce
misterio de la noche
irrumpes el silencio
para nacer
lo que en mí habita

Me nombras en un quedo
indescriptible
me inunda la emoción
que abraza en ese instante
y letras me escriben...
surgen rápidas decrépitas
no hilvanan pero tejen

Los momentos fugaces
que así llegan
y me dejan ser...
dejándome presa
cautiva delirante
de ti soy poesía

Luis René Serrano
Cubano– americano

En Cuba recibió sus primeras clases de música. Fiel amante de las artes: la pintura, la poesía, es músico de profesión. Estudió Bell Canto, teoría de la música y composición.

Su dominio de varios instrumentos le facilitó su participación en el grupo The Miami Latin Boys en 1973, que después se convirtió en The Miami Sound Machine, como bajista, compositor y cantante. Hoy cuenta con su propia orquesta y discografía, con un amplio repertorio en varios idiomas.

Es miembro del "Club de Literatura" de Francisca Arguelles, donde participó en las antologías del grupo: Un Horizonte Literario, año 2010. Navegante de Palabras, 2012. El Espacio Infinito del Cuento, 2014. Publicado D'har Services Editorial Arte en Diseño Global.

Publicó su primera obra literaria "Las Aventuras de René Galán" en el año 2013.

En el 2015 formó parte del libro "Si te contara..." editado por Publicaciones Entre Líneas, de Pedro Pablo Pérez Santiesteban.

HAZ CON ÉL, LO QUE QUIERAS

René visitaba con frecuencia la casa de su cuñada Selena. Mario, el esposo de Selena, era un prominente abogado criminalista. René y Mario se conocían desde que eran jóvenes, se llevaban muy bien y se tenían un gran afecto. No obstante, existía entre ellos una suerte de celo tácito... ya que René en su juventud soñó con ser abogado y hasta comenzó la carrera que no terminó. Y Mario, siempre deseó tener algo del talento artístico de René. También, secretamente competían por la predilección de su suegra Gina.

Un día, René que era un ávido coleccionista de relojes, observó un bellísimo "Tag Heuer" en la muñeca de su querido concuño, y le preguntó en jerga muy cubana:

—¿Y ese "hierro" de dónde salió?

—Me lo dio un cliente, al que saqué absuelto en un difícil caso. Él no tenía dinero, y lo acepté como pago.

—¡Te lo compro ahora mismo! Exclamó el impulsivo René sin quitar la vista de la hermosa pieza orológica.

—¡De eso nada, este reloj lo voy a disfrutar yo! Contestó Mario, con la misma intensidad que su amigo.

René, se sintió un poco incómodo con la respuesta, pero comprendió que Mario estaba en su derecho, se olvidó del asunto y pasaron los años.

Era costumbre de la familia disfrutar juntos las vacaciones de verano, y esta vez tomaron un crucero por el Caribe. La primera noche, en el comedor principal, un trío musical que complacía peticiones llegó a la mesa de René, y su esposa Eugenia le pide a este que cante.

–¿Qué quieres escuchar? Pregunta René complaciente.

–Pues… "Amapola". Contestó.

El violinista y director, asiente con un gesto, y acompañan a René que se pone en pie, y canta como nunca, estaba inspirado. Termina la pieza, y el público asombrado y complacido, también se levanta aplaudiendo con fuerza. El Metro Dee, les obsequia una excelente botella de vino y les pide que no falten la noche siguiente, celebrarán la fiesta italiana en honor al capitán. No solo servirán comida italiana, además los camareros unirán sus voces para cantar "O Sole Mio". Y René será el solista, dirigirá el coro.

Llega la noche esperada. Todo sale de maravilla, el público aplaude incesantemente y pide otra canción. René, toma el micrófono, hace una síntesis de la ópera "Elixer de Amor de Donizetti" y finalmente entona el aria cumbre "Una Furtiva Lágrima". Y el público le rindió a René una merecida ovación. Luego las felicitaciones y le agradecieron el show.

Al día siguiente, cada vez que René salía de su camarote, alguien se le acercaba, y le comentaba sobre su actuación, otros preguntaban cuándo cantará otra vez, a lo que René respondía:

—No sé, cantaré en cualquier momento que me acompañe un grupo musical, o algún pianista.

De hecho así lo hizo durante los restantes días. Sin quererlo se convirtió en la estrella del crucero.

La familia se reúne en la cafetería del barco para tomar juntos el último desayuno del viaje, antes de desembarcar. Cuando terminaron, Mario llama a René para hablar en privado. Y le dice con voz entrecortada y los ojos aguados:

—Hermano, debo confesarte algo. Durante estos días el espíritu del celo ha querido posesionarse de mi corazón, y en momentos he sentido envidia del cariño y entusiasmo con que te han aplaudido en todas tus actuaciones. Esto está mal y necesitaba decírtelo.

René conmovido ante la sinceridad de su amigo le da un fraternal abrazo y responde:

—Yo sentí lo mismo cuando te graduaste de abogado, ¡con honores! Y nunca te lo dije. Supuse que esto es algo común entre humanos. Ahora sé que lo importante es, darnos cuenta, y reprimir cualquier sentimiento negativo. Por suerte, ambos lo hemos hecho. Gracias por tu honestidad y el cariño que me brindas. Estoy seguro que en adelante, nos llevaremos mejor.

Los dos sonrieron y se unieron al resto para desembarcar.

Al otro día, Eugenia va a casa de su hermana a recoger un maletín extraviado. Ya de regreso en su casa, le entrega a su esposo René un sobre sellado que él lee con curiosidad: "Querido René, pienso que te lo mereces por tu talento y humildad". Tu hermano Mario.

René más curioso aún y emocionado abre el sobre. Ahí, envuelto en un papel de china, estaba el reloj, con unas palabras mágicas para René:

"Haz con él, lo que quieras"

LA GUITARRA DE MI AMIGO

De niño me arrullaba cada día
su suave y cadencioso tarareo
llevándome a los brazos de Morfeo
aquella delicada melodía

Mi madre la entonaba, y con acierto
mecía su sillón a la medida
quizás sin percatarse que en mi vida
quedaba para siempre aquel concierto

Después, creciendo fui como cualquiera
la escuela, los amigos y los juegos
quemaron mis etapas como fuegos
cual queman los maderos en la hoguera

Mas siempre en un momento inesperado
la música llegaba a mis oídos
captando mi atención con sus sonidos
me hacía sentir feliz e ilusionado

Mostrome un día mi amigo muy contento
un viejo guitarrón que le habían dado
aquel regalo le pedí prestado
y comencé a tocar el instrumento
Mi padre al escucharme sorprendido
mirome silencioso, nada dijo

169

pues debió darse cuenta que su hijo
de un especial talento estaba ungido

"No pagaré por clases", dijo airado
la escuela debe ser tu única meta
ya que el músico carga en su maleta
¡El hambre, la miseria y el pecado!

Si estudias serás médico o dentista
o como tu padrino, un abogado
así tendrás el pan garantizado
sin las vicisitudes de un artista

Aquellas duras frases, en mi mente
crearon un conflicto tenebroso
mas yo insistí de nuevo, caprichoso
y convencí a mi viejo eventualmente
Buscamos un maestro y comenzamos
las clases de guitarra y teoría
fue aquella la experiencia que pondría
las llaves del futuro aquí en mis manos

Sin dudas ya la suerte estaba echada
el tiempo en su correr sería testigo
que aquella fiel guitarra de mi amigo
fue en mí, cual mágica de un hada

Hoy vivo con mi música contento
con ella he de seguir la vida entera
mi padre, al fin, bendijo mi carrera
y yo de lo que soy no me arrepiento

«Poema sin título»

Con la pena de haberte abandonado
un poema te escribo en desagravio
bastará en el decirte que he llorado
al saber de tu triste y cruel calvario

Desde aquí te recuerdo y te venero
esperando el momento del regreso

Así pasan los años en la espera
mas no desmallaré te lo aseguro
oraré sin cesar hasta que pueda
regresar a la Cuba del futuro

Ernesto Soler
Cubano–americano

Nació en la Ciudad de La Habana, Cuba. Reside en Miami, Florida desde 1980.

Participa en el "Club de Literatura" de Francisca Argüelles y otras organizaciones culturales.

Cursó Talleres Literarios y Artísticos.

Como escritor ha logrado premios en diferentes categorías, tales como: Narrativa, Poesía y Cuentos para Niños. Su cuento, La Mujer De Las Palomas, obtuvo el primer lugar en el Certamen Literario de United Senior American Foundation 2005.

Premio por el primer lugar del cuento, La mujer de las palomas

LA MUJER DE LAS PALOMAS

El revolotear de las palomas se escucha al acercarse a otras que gorjeando e intranquilas pican del suelo las migajas que la anciana les lanza. Otras más confiadas se posan sobre su cabeza para buscar los trocitos de pan que se esconden en su gorro. La anciana extendiendo sus manos en cruz permite que más aves se posen en ella, entonces es el momento en que grandes y chicos se deleitan con el espectáculo. Los que traen cámaras fotográficas aprovechan la oportunidad para tomar su mejor ángulo y llevarse un recuerdo de su visita al parque. Satisfechos por la presentación dejan unas cuantas monedas de gratitud a la anciana que vive de la caridad de los más afortunados.

Laurita, una joven estudiante de periodismo frecuenta el lugar. Interesada en participar en un concurso de fotografía ha tomado algunas poses de la anciana con sus inquietas amigas. Su mejor toma es el rostro de la mujer permitiendo que una paloma coma directamente de sus labios.

La excéntrica señora al anochecer deambula la zona en busca del pan viejo que alimentará al día siguiente a sus amigas y al mismo tiempo le permitirá a ella conseguir algo para su propio sustento. 'La mujer de las palomas' como todos la conocen, vive en un mundo de recuerdos llevando en su alma laceraciones de sufrimientos que la han marcado para toda la vida; su mirada es triste, compasiva y su andar es lento, no tiene prisa para llegar porque nadie la está esperando.

Aquella mujer vive en compañía de los sueños rotos y sus recuerdos que fueron el único equipaje que cargó al abandonar su isla después de casi veinte años de prisión. Aquellos ojos tiernos y húmedos habían escrito con lágrimas su historia tras las rejas de una celda y ahora el viejo lagrimal se encontraba seco, mustio su rostro y su espíritu muerto.

El calvario de 'La mujer de las palomas' dio comienzo la mañana del 23 de octubre de 1962, en el Aeropuerto Internacional de Rancho Boyeros en la ciudad de La Habana, Cuba. Ella y su esposo Alfredo tomaron la determinación de enviar fuera del país a su único hijo Alfredito con apenas once años para impedir que cayera en las garras ideológicas de un gobierno que se encaminaba a una dictadura.

Era el último vuelo de "Pedro Pan" hacia la libertad. Alfredito, con lágrimas en sus ojos abrigó el beso tierno que le dio su madre en la frente a través del frió y grueso cristal que los separaba; su mirada asustada se cruzaba con los ojos tiernos y dulce de su madre. Sus labios balbuceaban el sentimiento con palabras en silencio, y promesas repetidas de un cercano reencuentro.

El avión debía partir y los padres de aquellos niños que se marchaban no le decían 'adiós' sino un 'hasta

175

pronto'. La esperanza de un cercano reencuentro se rajaba como el cristal.

Días después de la triste partida, esbirros del G–2 detenían a Alfredo acusándolo de complicidad en el sabotaje a la Fábrica de fósforos y fue condenado injustamente a veinte años de prisión en una cárcel de la provincia de Las Villas. La agonía y el sufrimiento aumentaron en Ana que se hallaba entre la espada y la pared, separada de sus dos amores.

Algunas cartas que recibía de su hijo con 'alimento espiritual' levantaban aquel decaído ánimo para seguir adelante con dignidad cargando su cruz. Con la frente erguida llevaba jabas de comida a su esposo a la prisión y un poco de aliento para soportar la larga y agobiante espera. En un vía crucis se convirtió la vida de esta mujer cuando las autoridades la llevaron detenida por distribución de propaganda subversiva al repartir oraciones de fe y esperanza.

Meses después, hasta los barrotes de hierro donde estaba confinada llegaba la noticia de la muerte de su esposo Alfredo por causas desconocidas. De hierro debió tener el espíritu para soportar tanto dolor y el camino que aún le faltaba por recorrer. Solo la mantenía en pie la promesa hecha a su hijo, 'pronto nos volveremos a ver'. A pesar de haber perdido todo contacto con él, la luz de la esperanza no se apagó de sus ojos.

En la primavera de 1980 cuando flotillas de embarcaciones repletas de cubanos abandonaban la isla, Ana era sacada de las ergástulas y puesta en una de estas, rumbo Norte. La mente de esta desafortunada y valerosa mujer ya estaba cansada de tanto esperar y al llegar a tierras de libertad sus sueños se diluyeron como un pedazo de hielo expuesto al sol. A pesar del esfuerzo de las autoridades no pudo dar con el paradero de Alfredito, por tanto, trazó su propio e incierto camino sumiéndose en la soledad de una sociedad ajena al dolor cubano.

Nadie conocía el triste secreto de la solitaria Ana; 'La mujer de las palomas' título que también llevarían las fotos tomadas por la joven periodista del parque y que presentaría a un concurso.

Se acercaba el 'Día el de dar Gracias' y Laurita recibiría la visita de sus padres. El Dr. Smith y su esposa Laura están orgullosos de su hija y de los logros de esta. La joven les muestra a sus padres su trabajo en fotografía. El padre miró con asombro aquellas imágenes y la expresión de ternura que había detrás de aquel rostro arrugado dándole de comer a la paloma.

– *¿Quién es ella?*– Preguntó el Dr. Smith. *–Es una desamparada del parque*– Contestaba Laurita.

El Dr. Smith se interesó en conocer a la anciana y de inmediato salieron en su búsqueda. Ya en el parque Laurita le indica desde lejos quien era la extraña mujer de la foto. El Dr. Smith se detuvo para ver como las palomas comían de su mano y por unos segundos quedó extasiado mirándola hasta que se le llenaron los ojos de lágrimas. Entonces se dirigió a ella.

Ana sintió la cercanía de unos pasos que quebraban las hojas seca del suelo y levantó la cabeza. Sus ojos asombrados miraron al hombre que se agachaba ante ella y tomaba sus manos. Las miradas se cruzaron, el corazón del Dr. Smith se desbocó como un potro en su pecho mientras que en el de Ana despertaba el sentimiento de madre que por años en ella dormía. Cobró vida el manantial de sus ojos y corrieron lágrimas sobre las mejillas surcadas por el tiempo, acariciando la cabeza del Dr. Smith la anciana pasó a decirle. *—Mi Alfredito—*

El Dr. Smith besó las manos sucias de su madre y apretó el frágil cuerpo a su pecho sin decir palabra alguna queriendo meter en el corazón todos los años perdidos volviendo a sentirse el niño que fue. Miró al cielo y encontró una razón para dar gracias y expresó:

—Ella, es Ana Laura tu nieta.

La joven llorosa abrazó a la desamparada que tantas veces había visto en aquel parque y ahora era el final de una historia contada otras tantas veces por su padre al que veía feliz. El sol resplandecía de nuevo en los tiernos ojos de Ana, por fin había encontrado su tesoro perdido y una luz que empezaba a brillar en su oscuro horizonte símbolo de un naciente amanecer.

Para iniciar una nueva vida, Fred tomó en brazos a su delicada madre abrigándola en el regazo y con una sonrisa en los labios salió caminando del parque junto a su hija mientras las asustadizas palomas alzaban el vuelo.

Priscila Suárez
neé Priscila De la Cruz
Colombo– americana

Nació en Fundación, Magdalena, Colombia. Inició sus estudios en el colegio La Sagrada Familia y terminó la secundaria en el Liceo Colombiano de Comercio, en Barranquilla, Colombia.

En Miami, Florida, recibió diploma en decoración y microempresas. Validó su High School en Miami Springs Senior High. Título de Hotelería y Turismo en New World Institute. Cursó estudios de narrativa literaria en Miami Dade College. Participó en los talleres de poesía, cuento y novela. Ofrecidos por el profesor Orestes A. Pérez.

Es miembro del Club Cultural de Miami "Atenea" Y Participa en el "Club de Literatura" de Francisca Argüelles y formó parte de la antología "Navegantes de palabras" 2012. El Espacio Infinito del cuento del 2014 Publicado por D'har Services Editorial Arte en Diseño Global.

Participó en el IV Concurso International de Poesías en el 2006 en Lincoln–Martí; Donde recibió diploma de honor con la poesía titulada "Quise Olvidar Tu Nombre".

Su libro: Cerca muy cerca, Homenaje a los niños de Fundación, Magdalena, Colombia. En el año 2015, contó con la valiosa participación y apoyo de los autores del "Club de Literatura" de Francisca Argüelles. Publicado por D'har Services Editorial Arte en Diseño Global.

Nota:

Dedico este poema con mucho amor a mis hijos:
Shirley, Marlan, Rody, Darling y Heidy.

*Así fueron llegando una a una mis piedras preciosas
formando un gran tesoro, que guardo con orgullo, los regalos de
amor, felicidad, bendiciones, bondad y protección.
Que me brinda nuestro gran padre celestial.*
Priscila de la Cruz

TRES EN DESPEDIDA

Que cerraras muy bien y guardaras la llave de la puerta,
si un día regresaba al reconocer su toque estaríamos
alerta.

Hemos hablado del sufrimiento, la angustia y el dolor
que nos causó su partida, un dolor inmenso desgarrador.
A ti también te sentí llorar, un latir incontrolable
como nota vibradora que rompe paredes de cristal,
llegó poco a poco la calma; surgió la polémica
entre el pensamiento y conciencia.
El primero, progenitor de quimeras encantadas
toman el dominio absoluto del cerebro y corazón.
La segunda, conciencia entrenada para esos momentos
a veces únicos en la vida.

Mil preguntas al ser supremo y orar en la quietud profunda
de nuestro corazón activa la llama de la Fe, tal como una
antorcha es avivada por el soplo de un viento huracanado.
Amigo, a veces te siento gemir ¿Por qué estás intranquilo?

Las dos o tres veces que ha tocado aunque el toque es distinto, no ha tenido respuesta.
Tú siempre diciendo quedémonos tranquilos
¿Me estás escuchando? ¿Te quedaste dormido?
Por favor contesta
¿Qué dices? ¿Escuché bien?
No abriste la puerta para que se marchara
nunca salió y se quedó allí escondido
nadie más pudo entrar por esa razón.
Escucha, lo considero como una gran traición. Está bien.
¿Por qué hasta ahora confiesas estas cosas?
¿Tu llevas en cuenta los años que han pasado?
¿Las hojas del calendario que hemos arrancado?
¿Te vas? ¿Es broma verdad?
Me has dado tanto susto que me cuesta creerlo
sí, ya sé que avisarías el día de tu partida. Está bien, no te pongas triste.
Si juntos llegamos a este mundo, juntos le daremos despedida.

¿Sabes? Siento mucho frío, mis labios están secos
los ojos se me cierran y no es precisamente en espera de un beso.
Sí, llegó el momento, acurrúcate muy dentro de mi pecho.
Así, a la cuenta regresiva de tres, todo habrá terminado.
Empecemos a contar: tres, dos, uno, y...

Cuentan los presentes en aquella sala: Que unos se aferraron fuertemente de las manos. Otros con sus cabezas inclinadas dejaban escapar alguna lágrima.
Los vieron partir a los tres: el alma, el corazón y el amor.

Maritza Trujillo
Cubano–americana

Reside en Miami Florida. Estudió Ingeniería Química en la Universidad de Oriente, Cuba.

En su vida de estudiante, recibió en Cuba un premio, por un artículo acerca de la vida política de José Martí.

Pertenece al "Club de Literatura" de Francisca Argüelles. Participó en la antología del club El Espacio Infinito del Cuento en el año 2014. Publicado por la D'Har Services Editorial Arte en Diseño Global.

Asiste a los Encuentros Literarios Internacionales Luz del Corazón ELILUC.

Colaboró en el año 2015 con la señora Priscila De la Cruz, en su libro: Cerca muy cerca. Homenaje a los niños de Fundación, Magdalena, Colombia.

También en el 2015, forma parte del libro "Si te contara…" editado por Publicaciones Entre Líneas, de Pedro Pablo Pérez Santiesteban.

EL AMULETO

Desde que llegó a mis manos, jamás lo descuidé. Era una especie de semilla ovalada, que llamaban "cayajabo". Se decía que traía buena suerte al que la poseyera, y hasta algunos joyeros, la preparaban para ser colgados del cuello o de los brazaletes de los que creían en esas leyendas.

No quedé defraudado. Tuve mucha suerte. Desde niño me salvó de unos buenos coscorrones cuando me escapaba al río con mis amigos. Las niñas me aceptaban al primer intento, aunque pudiera ser que con mis amenazas de pellizcarlas, no les quedaba más opción que aceptar un beso en la mejilla, cerrando los ojos con fuerza y haciendo muecas de disgusto al terminar mis "cariñosos" abrazos.

¿Y qué decir de mis éxitos en los exámenes? Siempre llevaba mi amuleto en el bolsillo del pantalón, junto a los acordeones de papel, donde estaban anotados los puntos más importantes de la materia a examinar. No fallaba al sacar los acordeones, la maestra como por arte de magia no notaba mis maniobras. Como consecuencia gané fama de sesudo y estudioso.

Una noche fui con mis amigos a la casa embrujada del

pueblo, debido a una apuesta con un grupo rival.

Queríamos demostrar cuál era el más valiente. Se había esparcido el rumor que había espantos en ese viejo caserón de madera crujiente al paso hasta de un inofensivo ratón. La escalera que llevaba al piso superior tenía sueltos algunos de los peldaños.

Nuestro objetivo principal era el sótano. Ahí creíamos, era el centro de operaciones de brujas, duendes y fantasmas. Nuestra fértil imaginación, nos hacía temblar de miedo al pensar que pasaríamos una noche entera en aquel lúgubre lugar lleno de aparecidos.

Yo confiaba en mi mágica semilla. Les dije a los chicos que ésta nos protegería de cualquier mal.

Animados, nos encaminamos a la casa en las afueras del pueblo. Armados de linternas y bocaditos escamoteados de la casa de Rubén, nuestras "pistolas de agua" rellenas de agua bendita que habíamos pedido al cura pretextando llevarla a un enfermo, y un valor que desfallecía a medida que nos acercábamos al punto de destino.

Entramos al sótano por una puerta en el jardín que ya estaba abierta. Sentimos un ruido que nos hizo saltar; pero era una rata que confianzuda se acercó al olor de los panes.

La espantamos de un escobazo y nos dispusimos a pasar la noche arrebujados en nuestras mantas. Pronto nos quedamos dormidos.

De repente, algo me despertó. Sentí que mi cayajabo

se había salido de mis manos.

Una enorme sombra se proyectó sobre nosotros que gruñendo preguntó:

–¡Niños! ¿Qué hacen aquí?

Gritando, con los pelos de punta, abandonamos el lugar, dejando todo menos el amuleto que según creía, me avisó de esa horrible presencia.

Al siguiente día fuimos blanco de las burlas de nuestros compañeros de clases. Nadie se atrevió regresar a la casa embrujada.

Ya adulto, a pesar de que "in mente" ya no creía en conjuros o magia, siempre llevaba mi inseparable semilla en el bolsillo.

Conseguí un buen trabajo, me casé con la mujer de mis sueños, gané dinero en la bolsa de valores, y disfrutaba de una salud envidiable. Todos esos dones se los atribuí al pequeño objeto que siempre me acompañaba.

Uno de esos felices días, cuando todo me sonreía, recibí una llamada anónima. Me decía que en mi casa encontraría una sorpresa.

Como estaba en la oficina, tardé una media hora en el trayecto haciéndome mil elucubraciones, ¿sería algo de los niños, o de mi esposa?

Al entrar a la casa noté que la alarma estaba desconectada. No le puse atención y presuroso me dirigí a la habitación matrimonial. Lo que vi, me dejó sin aliento: mí adorada esposa estaba en la cama con mi jefe.

Me aturdí, no supe qué hacer. Salí de la alcoba, buscando frenético en mi bolsillo. Ahí permanecía mi amuleto. ¿Cómo había podido fallarme?

Sabía que perdiendo a mi esposa, perdería mi trabajo. En una vorágine, vi mi futuro.

No más bienes materiales. Sería un indigente.

Había creído que todas mis posesiones se las debía a esta estúpida semilla, no confié en mi mismo ni en los valores que me habían inculcado. ¡Soy un miserable! La arrojé bien lejos. ¡Al diablo con ella!

—¡Eh tú! Llamó el cocinero de un restaurante al menesteroso que sentado al lado del contenedor de basura, fumaba un cabo de tabaco que había encontrado en el callejón.

El aludido alzó la vista, iluminándose su rostro al ver que le tendían una bandeja con restos de comida que consumió con avidez.

Una vez terminado, tiró la bandeja al latón de la basura. Luego, pensativo se sentó en un cajón y terminó de fumar el tabaco restante. Mientras, con la otra mano metida en el bolsillo de su pantalón, acariciaba un pequeño objeto ovalado que había recuperado.

Luis Vega de Castro
Cubano—americano

Pintor y escritor. Reside en Estados Unidos de América desde el año 1980.

Graduado de Historia del Arte en la Escuela de Artes y Letras de la Universidad de La Habana.

Estudió Artes Plásticas en la Escuela de Bellas Artes "San Alejandro". En la pintura se dedicó al género del paisaje. Ha recibido numerosos premios y distinciones a lo largo de su carrera.

En el año 2014 publicó su libro autobiográfico "El Recluta 51". Donde narra sus amargas experiencias en el Servicio Militar Obligatorio en Cuba.

Asiste al "Club de Literatura" de Francisca Argüelles.

EL PULLOVER VIAJERO

Corrían los primeros meses del año 1980. Yo deambulaba por la calle Galiano de mi querida Habana y vi en una tienda, ropa con calidad que en los últimos veinte años habían desaparecido de los anaqueles. Los precios eran exorbitantes e inalcanzables para el pueblo.

Pero bueno, yo seguía mirando aquella vidriera, cuando un pullover azul de novedoso diseño "me encontró a mí". Con desconsuelo me fijé en el precio, 90 pesos, era impensable adquirirlo, ganaba al mes 150 pesos.

El pullover continuaba dándome vueltas en la cabeza y al llegar a mi casa revisé una latica donde guardaba unos centavos para alguna emergencia. Tomé el dinero necesario y volví al lugar de los hechos. Al tener el pullover entre mis manos experimenté la alegría de disfrutar una prenda de vestir que no era como las aburridas "tos tenemos" que parecíamos uniformados como si fuéramos coreanos.

Si creen que con la compra todo terminó, están equivocados, recién comenzó la verdadera historia de mi pullover azul. A partir de su llegada a la casa fue el niño mimado y tuvo privilegio en mi escaparate de caoba. Al consentido solo lo usaba en situaciones y lugares especiales. Evitaba a quien encendiera un cigarro cerca de mí y esquivaba las manchas de café. La prueba más difícil de pasar estaba por llegar, él supo de los mítines de repudio, pero siempre se mantuvo a mi lado.

En el mes de abril de 1980 subí a un camaronero llamado "Maritza" y tomé rumbo a la libertad, con mi pullover puesto. Al llegar a Miami me acompañó en los momentos difíciles de los primeros años, fue un buen amigo de los que no se destiñen; conservó su color todo el tiempo.

Tres años después traje a mi tía de visita a Miami. Durante su estancia me dediqué a comprar ropa para que a su regreso a Cuba, se la llevara a mi familia. Agotado de visitar tantas tiendas y en la víspera de su regreso, recordé que no le había comprado nada al marido de mi hermana. No tenía tiempo, y se me ocurrió revisar el closet. Allí, en una esquina estaba el pullover azul que tantas historias vivió junto a mí. Con inmenso dolor pensé que era hora de separarnos y comenzar una nueva vida. Me despedí con pesar porque pronto se convertiría en el primer pullover repatriado del exilio. ¡Qué triste fin!

Semanas después recibí una carta de mi cuñado, me agradecía tan noble gesto y me aseguró que lo usaría solo en ocasiones muy especiales.

¡Lo que es la inocencia!

EL GENIO

Mi buen amigo y sicólogo Hilario, visitaba a menudo nuestra casa, disfrutábamos de un cafecito y de una agradable conversación. Un buen día me pregunta de improviso:

—¿Has oído hablar de las manchas de Rorschach?

—No chico, pero... ¿cuándo se manchó ese hombre?

—En serio Luis; las manchas de Rorschach, es un test que sirve para evaluar los rasgos generales de la personalidad. Consiste en diez manchas hechas con tinta, cada una en un papel doblado, que producen sugerentes figuras simétricas. ¿Te gustaría hacer el test?

—Claro, me parece muy interesante.

En estas manchas vi figuras bien definidas, a veces ricas en detalles; paisajes y animales, como cuando observamos las nubes. Algunas creí verlas en movimiento.

Terminada la prueba mi amigo se retira para estudiar el caso.

Días después regresa y le informa a mi madre y a mi esposa con solemnidad:

—Después de estudiar a fondo el caso llegué a la conclusión que Luis es un genio.

Ellas quedaron boquiabiertas, más cuando les recomendó que debían tener conmigo un trato muy especial.

Pasaron días difíciles para ellas, no sabían cómo tratarme. Me preguntaban:

–¿Quieres que te cuele los frijoles? Ya te planchamos las camisas porque un genio debe estar siempre elegante.

Mi autoestima crecía ¡Qué enorme placer era ser genio!

Había algo que no estaba bien; el resto de la humanidad no se enteró de mi genialidad. Por lo que "tomé cartas en el asunto" y empecé a actuar como corresponde: lo primero fue caminar como tal, con seguridad y precisión estudiando las pisadas. Segundo, hablar con énfasis en cada palabra y con el tono adecuado; además de ser condescendiente con los menos afortunados.

Preocupado por mi apariencia intelectual dejé la pintura. A los pocos días me empecé a aburrir de tanto cacumen. Entonces miré el cuadro como quien reconoce un amigo y me senté a continuar la interrumpida labor. Entrada la noche, después de disfrutar aquella faena comprendí que el genio es el trabajo, y el placer de ir construyendo una obra donde uno no escatime esfuerzo. Dar lo mejor de sí es genial.

En definitiva, con las manchas de Rorschach se hizo la luz.

Humberto Vega Ponce De León

Cubano–americano

Nació en Cárdenas, Cuba, donde cursó la primera enseñanza con los Padres Trinitarios.

Estudió Comercio en el Instituto Edison de La Habana, aunque su verdadera vocación es la literatura.

Vive en Estados Unidos desde 1956, y sirvió en el ejército.

Su primera obra literaria, Historias de Medianoche, fue publicada por la Editorial Entre Líneas, que dirige Pedro Pablo Pérez Santiesteban.

Asiste al "Club de Literatura" de Francisca Argüelles.

ANTIPLEGARÍA A DIOS

(Una rogativa de Humberto Vega Ponce de León)
TXu–1 725 910

Padre nuestro que estás en alguna parte, perdón, pero creo que este es el momento de aparecerte públicamente ante nosotros, pobres seres de un día. Te ruego no aparecerte –según ellos– a piadosos anacoretas o delirantes profetas refugiados en una cueva. Tampoco a alguna beata programada por sus creencias que ve visiones en una celda. O a algunos niños analfabetos, que en un lugar oscuro, dicen recibir mensajes de tu santa madre o de tu tía.

Unas revelaciones de dudosa procedencia, como puedes ver querido Dios. Gracias por NO hacer sentir tu santa presencia en trasnochadas reuniones de escribidores y tertulias literarias, a pesar de ruegos e invocaciones. No se debe requerir tu presencia y anuencia ante cosas banales como un poema –o descarga– sobre la patria y la bandera, las palmas, los ríos y montañas, la belleza de las mujeres de tal o cual país y la valentía de sus hombres.

Aléjame señor, de la cansona patriotería trajinada de cada país. No les haga caso. Se que estás enfrascado en ayudar a los cirujanos que operan a niños con labio leporino, ya que según Operación Sonrisa, cada 17 minutos nace un inocente así. También sé que estás atareado tratando de enmendar el error para que los hombre judíos –tu pueblo escogido– nazcan sin prepucio, osea ya circuncidados. Así, se evitará este cruel rito primitivo de pubertad del tiempo de las cavernas. Querido Dios, cuando te hacías llamar Zeus delegaste en Prometeo la hechura del hombre del barro del Erebus, o del dios/río Peneus. Prometeo a su vez fue ayudado por su hermano Epimeteo –el sesohueco– el cual terminó el trabajo, pero se olvidó de quitar el prepucio al primer judío. Sé que desde hace milenios tratas de enmendar este error. Recuerda, si no te falla la memoria, que este dios/río Peneus fue el padre de Dafne, a quién salvó de una segura violación a manos de Apolo, el forzador de doncellas. También se rumuraba que el bello Apolo tenía comercio con donceles, puesto que se pavoneaba –sospechosamente– luciendo una corona de laurel adornada con flores y jazmines de olor. (¿Humm?) Esta misma Dafne rechazaba pretendientes y nunca tuvo novio. Prefería la compañía de la hermana gemela de Apolo, Artemis, quien siempre andaba de cacería, desnuda por los bosques en compañía de otras féminas, y tenía fama de cachapera. Contrariada por estas calumnias abandonó Grecia y se mudó a Roma bajo el nombre de Diana. Otro que también abandonó Grecia y se mudó a Roma para poner fin a una vida de juergas y borracheras fue Dionisios. Allí tomó el nombre de Baco y se apuntó a Alcohólicos Anónimos; pero en una de las sesiones se le cayó la caneca de ron peleón que llevaba oculta bajo la túnica. Lo echaron. Él hubiera querido ocultar la bebida en

195

el calzoncillo, pero esta prenda de vestir no se había inventado todavía. A pesar de haber sido diagnosticado con una incipiente cirrosis hepática, se cagó en los médicos y ha seguido bebiendo todos estos siglos. Espero, querido Zeus, que este cotilleo olímpico –que te toca de cerca– te entretenga, puesto que solo nosotros, los muy viejos, recordamos aquellos tiempos.

Por favor Dios, sé práctico y aparécete ante la vista de todos aprovechando las ventajas de las nuevas tecnologías, como la televisón o la internet. Hazlo en la Meca, sobre la Kaaba, ante millones de creyentes musulmanes sunitas, chiitas y de otras sectas que desde hace siglos, se destripan en tu nombre día a día. En la Meca, se que usas el alias Ál–la, ya que odias que te llamen Alá. Aparécete en olor de multitudes en la plaza de San Pedro en Roma. O irrumpe el Super Bowl con tu mensaje definitivo. No le des más Mandamientos –a escondidas– a otro mortal. Aunque sí tuviste el buen tino de escoger los Diez Mandamientos del Código de Hammurabi. Y lo que es aún mejor, comunícate con millones durante la premiación del Oscar. Sálvanos, Señor, de las monsergas de los premiados. Así, se acabarán las sangrientas disquisiciones bizantinas sobre tu voluntad. Se pararán las guerras y las matanzas genocidas que en tu nombre, postulan caducas o actuales mitologías geocéntricas.

Es tiempo que te muestres ante nosotros –masivamente– en toda tu grandeza. Sírvete de la revolución informática para llegar a millones y cambiar a los seres humanos. No más tocadera de puertas ni predicadores profesionales aprovechados, que valiéndose de tu nombre, viven bien, visten mejor, y comen caliente todos los días.

En lo adelante quienquiera que diga hablar o actuar en tu nombre deberá mostrarnos un Poder Judicial.

Te lo suplica humildemente tu gran admirador, Humberto, el de Cárdenas. S/S. 267–58–5277.

P/S. "Cualquier fe es una forma de ceguera. Cuando decimos: ´La fe es creer lo que no vemos´, en ese mismo instante la fe nos impide ver lo que vemos. Yo nunca he tenido la sensación de un alma inmortal. Ni la necesito ni me interesa".

LA VIDA PERENNE/ José Luis Sampedro.

www.ingramcontent.com/pod-product-compliance
Lightning Source LLC
Chambersburg PA
CBHW070704280626
47159CB00022B/1881